Voces de

María Farazdel [Palitachi]

[Compiladora]

Voces de América Latina

Volumen II

MediaIsla
Serie Azul
Kingwood, TX 2016

Primera Edición: agosto 2016

ISBN: 978-1-365-34433-6

Publicado por: *mediaisla editores, ltd/lulu.com*
Correo electrónico

Diseño de portada: © ASHLEY MORALES
Concepto y diseño de interior: MEDIAISLA EDITORES, LTD

Pensar que cada ciudad
fue una montaña.
Que debajo de su insomnio
hay un canto…
Horacio Hidrovo Peñaherrera

Obertura

Cada día tiene una historia, y nosotros somos las historias que vivimos...
Eduardo Galeano

Los rascacielos duermen en New York y yo despierta, compilando un concierto de poemas, mientras un trompetista en una esquina de Harlem eleva sus notas.

El valor histórico de la poesía que hoy se escribe en América Latina es el de la transformación. El poeta de nuestro continente redescubre su papel como creador, en la necesidad de reconstruir los objetos de inspiración y en el abandono de las utopías. La poesía reunida en *Voces de América Latina II* se vuelve eco y latido, que asume participación con su entorno y con problemáticas que abaten América Latina. De ahí que las creaciones del poeta, constructor de puentes y de 'lo imposible', funcionen como modelos de reflexión.

El corpus de esta obra poética se construyó con la participación de escritores cuyas creaciones acarician la otra piel de Latinoamérica y simbolizan el espíritu de libertad. El número de participantes del presente tomo supera el número del tomo I, por unos quince.

Estamos frente a la literatura del presente; los textos no sólo representan las palabras de lo cotidiano y lo místico, sino también la huella de cada ciudadano representado en el sentir de la colectividad. Son voces que nos obligan a cultivar la hermandad y la tolerancia, en un gesto que supera a generaciones anteriores. Este grano de arena con vientos de huracán, derrumba fronteras y abre puertas a una unidad que nos hacía falta.

La mayoría de los escritores de hoy no militan en ninguna escuela o estética literaria ya que representan una nueva ventana: el nuevo paradigma literario del cual sus pasos transcienden los sentidos sensoriales recreando la realidad de la evolución en la poesía latinoamericana. «Nos mataron la palabra en cárceles anónimas», nos dice en su poema "La cosecha" Horacio Hidrovo Peñaherrera. Se refiere a la palabra enclaustrada y dominada por otras ideas.

La poesía, por otra parte, nos permite nombrarnos a nosotros mismos dentro de la palabra arropada arribando (no siempre) a la búsqueda del nuevo paradigma literario.

La libertad que brinda la palabra a quien se acompaña de ella, en el interminable camino del lenguaje poético, convierte a la poesía en el arma perfecta para la unión y la fraternidad que necesitamos.

Somos un continente que se ha balanceado por siglos sobre las voces del infortunio, la inmoralidad, la resignación imperturbable de sus habitantes y la degradación de la sociedad.

Octavio Paz, quien también se inscribe en la línea que señala la poesía como el camino para definir a esta América Latina amenazada en su esencia por el fenómeno devorador del universalismo, nos plantea, entre otras cosas la poesía como un recurso para enfrentar la alteridad proponiendo que el universo sea un poema por lo tanto más allá de la estética. Ella es una forma de expresión y de lucha política, para cancelar la Modernidad y construir la autonomía. La historia de América Latina es la historia de los poemas que trascienden su propia historia, la historia de los pocos, de los modernos.

Esta compilación decide alzar su voz mostrando la fuerza y las luces espléndidas de nuestras ciudades y sus habitantes: Medellín sobre el río, Buenos Aires, Caracas, Managua, La Paz, Lima, San Lorenzo, La flauta Monte Rey, Panamá, Guayaquil, Santiago de Chile, Chiapas, Río de Janeiro y todas las demás ciudades que dialogan entre sí por los saltos de las hojas de esta compilación; conversaciones que rememoran los juegos de la infancia y la inocencia, acompasadas en el temblor de los tambores y el aroma del azúcar de la caña y los mejores cafetales del mundo.

Bien dijo José Martí que «la poesía es más necesaria a los pueblos que la industria misma, pues ésta les proporciona el modo de subsistir, mientras que aquella les da el deseo y la fuerza de la vida». Fuerza que en nuestros poetas inspira la conversación con el lector, los vuelca a interrogarse en integración con los tesoros de su entorno.

En ese tenor, hemos notado en nuestra literatura una marcada segregación hacia las literaturas brasileña y haitiana, con respecto al resto de Latinoamérica; en un principio basada en el abismo que plantea el idioma. América Latina dejó de ser utopía para los europeos; es el momento que deje de serlo para nosotros mismos.

En ese sentido, es un deber de irrumpir las barreras, para hacer del universo literario de América Latina un lugar más equitativo. Razón por la que incorporo a Brasil y a Haití en este segundo tomo.

Sabemos que toda antología es sinónimo de exclusión; la presente obra encara de frente esta problemática y pretende transmitir una bastedad de matices, un oasis, un carnaval de sentidos, emociones, cuestionamientos y reflexiones; una auténtica fiesta latinoamericana: colorida, intensa y efusiva. Dicho esto, no queda lugar para más que invitarlos a vivirla con nosotros.

Agradezco a Javier Alvarado, Ana Luisa Martínez, Leda García y a los poetas que se embarcaron en esta caravana poética donde existe la otra realidad: la nuestra, la del Yo poético.

María Farazdel (Palitachi)
Nueva York, N Y- 16 de agosto del 2016
Palitachi@gmail.com

Voces de América Latina II

Argentina

DANIEL CALABRESE

Cerca del puerto

Pasan los camiones.
Se llega a mezclar el humo del gasoil quemado
con la llovizna fresca de la costa.

No hay poemas perfectos
como el sol, como la sombra.

Y menos que hablen de lugares
cercanos a este puerto donde hace frío,
donde se apilan contenedores blindados
para la gente inestable y para las ratas.

Pasan las dos mitades de un perro.
La primera lleva una cabeza normal, asustada,
la otra se disipa entre la niebla y la sarna.
En la estación lo bañaron con parafina,
seguro que fue el tuerto que limpia los vidrios,
quizás le regaló un pedazo de pan
y le ordenó: ¡basta de morderte!

Que no se turbe el sueño de Pound.
Si los clásicos ya tuvieron épocas
de mayor circulación en América,
al menos aquí, cerca del puerto,
entre la maquinaria envenenada
por la mierda de las gaviotas
(donde pasan las mitades de un perro
esquivando esos camiones de carga),
ya nadie hace las cosas perfectas
como el sol, como la sombra.

Prodigio

El trabajo de este día consiste
en llevar una piedra de aquí para allá.
Es una roca muy pesada,
más que un buey,
más que una bolsa cargada de lluvia.
Es un agujero prehistórico,
un espejo negro
a punto de tragarse el mundo.

El trabajo de este día consiste
en alzar esa piedra con los ojos y depositarla
suavemente en el medio del camino
para que se detengan los ciclistas,
se detenga la música de fondo,
se detenga la Ruta Dos
a la hora señalada por las arterias rojas.

Y cuando todo esté detenido,
entorpecido por la piedra,
detenidas las generaciones ilustradas y piadosas,
detenido el amor entre las cosas naturales
y las cosas manifiestas,
el trabajo, entonces,
consistirá en sacarla de ese lugar,
levantar la piedra nuevamente con los ojos cansados
y enterrarla por ahí, en la nada,
en ese lago de cerrada indiferencia
donde cruje la cama, alumbra el televisor,
brillan los motores,
cae el vino adentro de la luz,
se pudren la memoria y las conversaciones tristes,
y se hunden, con la piedra,
en la más completa extinción.

El ahogado

Deseo aclarar que no fue en un río
sino en la misma tierra donde me ahogué.

El único río que llevo en la memoria
es un estremecimiento
donde las pequeñas cosas se hunden
aunque nunca llegan a desaparecer.

A veces,
se hunden antes de que pase el río.

Y su pedido de auxilio
siempre llega tarde.

Daniel Calabrese [Dolores, Argentina]. Publicó: *La faz errante* (1989, Premio Alfonsina); *Futura Ceniza* (1994), *Escritura en un ladrillo* (1996), *Singladuras* (1997), *Oxidario* (2001, Premios del Fondo Nacional de las Artes), *Ruta Dos* (2013, Premio Revista de Libros, Chile; nominado Premio Camaiore Iternazionale, Roma, 2015). Traducido al inglés, italiano, y japonés. Fundador y director del Anuario Hispanoamericano de Poesía (*Ærea*) . Reside en Santiago de Chile desde 1991.

1

crecen muros invisibles
en la corteza de Tokio
sangran luces de arroz
y ballenas
tentáculos delimitan
la profunda pisada
del recuerdo
ojo que apunta
al barco encallado
en antiguos rascacielos
cada varón un ladrillo
de petróleo
contienen las aguas que sobran
cada mujer triste mira
al norte
un jardín de nácar
aísla los vientos retiene
los frutos hundidos
bajo tierra
ocho niños secan las paredes
con sus manos
sin saberlo

3

te llamaría Barcelona
te pintaría de tormenta
si encontrara tus ojos invertidos
imantados de púrpura dolor
pediría clemencia
asustado por la brevedad
de tu nombre

Barcelona daría tiempo
a los sentidos
con luz de luna
en noche de penumbra
te imaginaría en el desierto
de espaldas
montando el caballo color monje
huyendo entre las dunas
del presente
te llamaría
si me sale la voz
por tu nombre

4

cosmos plexo lunar
contrasta
al vestido deshabitado
inconcluso
goteo con percusión
en el más sensible
la mujer encinta
se tocó
detrás de la pantorrilla
del otro lado
el susurra
enigmas olvidados antes de nacer
cuasi domador de nexos
la marca tomó forma
al amamantar

el vestido no era
lo trascendente

Néstor Cheb Terrab [Buenos Aires, Argentina]. Asistió a los grupos de estudio de la poeta y escritora Ana Guillot. *Sonomama* es su primer libro de poemas. En 2015 participó en los festivales internacionales de Zamora (Michoacán, México), y en el festival poesía de Quetzaltenango (Guatemala). En 2016 participó del festival internacional de poesía en Vittoria, España.

cada noche cuando te desvestías
la sombra de tu cuerpo desnudo crecía sobre los muros
Enrique Molina

la ausencia
el desnudo cuerpo mío contra la puerta
el recuerdo de mi cuerpo contra la puerta
puede entrar en el olvido?
hay labios
que se devoran
cuando se miran
hay labios que lloran
tiemblan
por otra boca
(de *La orilla*)

Los perros son otros
pero aparecen / cada tanto,
fragmento de alguna historia.
Extraño, no creí pertenecer a alguna. Los días fueron
sucediendo/
como las nubes.
Todavía no entiendo qué hice con las horas.
¿Hasta cuándo hay inocencia?

No puedo recordar mi infancia.
¿Quién era mi padre?

borracho por las noches,
refugiado,
el nazi,
un polaco,

un
alemán
el que salvó a la niña del campo minado
quien amaba a mi madre
quien amaba a madre de mi hermana
quien castigaba a mi hermano
el ateo
el nazi
el que hace que no tenga memoria?
(de *pleno de ánimas*)

*

quién debía cuidar
a la niña que yo era?
que alguien responda
que alguien
diga perdón
(de La orilla)

*

duelen los labios
o la boca

quién besa?

los labios, la lengua
o es dolor de callada
de mordida
de morderme
de ejercicio de besar
de haberte besado
de calzar justo en una boca
(de *jadeo animal*)

Marta Cwielong [Buenos Aires, Argentina]. Libros: *Razones para huir, De nadie, Jadeo animal, Morada* (Valencia, España), *Pleno de ánimas, La orilla, Las vírgenes terrestres. Observación de poetas latinoamericanas*, trabajo de investigación y creación con la colaboración de la poeta Marlene Zertuche, editado en México y presentado en Uruguay. Su poesía ha sido traducida al catalán, polaco y francés. Colabora para la revista *La Guacha*.

Pero el arte

Lo bueno y lo malo que he perdido no ha sido arte
sino malentendidos: no saber oír,
trastabillarme;
raro cansancio hacía que diera cosas
por sentado: el abrazo;
hasta un puré era algo tan elaborado que evité pelar papas,

decir sí,
ya fuera por bueno
o malo, sin arte alguna, me equivocaba.

Después descubrí que el errar o el perderse
podrían ser lo mismo, un oficio extravagante. Pero el arte,
ah el arte, no es oficio
sino servir
un simple puré de papas, ni muy caliente
ni tibio.

Bitácora

Los pajaritos cantan también en New York, las ardillas
corren sobre cables de acero
así como bajan de los árboles del parque,
hay algo que no cuaja en el paisaje,
la ardilla cruza la Quinta Avenida,
gira su cabeza, mira con asombro lo que pasa,
esa aparente salpicadura de tonos,
kétchup más grasa más altura
inconcebible lo que ve si cruza
la anciana sobriedad de Brooklyn
la inconcebible ardilla
en hora pico, esa aparente salpicadura Pollock,

sobre Manhattan la ardilla se yergue,
pequeña como es, y huele la fritanga;
no es cosmopolita el olor a quemado
¿se huele el hidrógeno el napalm los inconcebibles
golpes de estado, la lluvia, los cerezos en flor?
Llueve en New York, los pajaritos
cantan después de la lluvia, y la ardilla va y viene,
trepa hasta la inconcebible terraza
y baja, no sé cómo, hasta un hueco
salpicado
de sangre, azules y cristal, no para hasta morder
la nuez o la avellana.

La cosa

Tristemente oscura, bajé la persiana, miré adentro
nada por aquí ni por allá, deforme, desalmada —dije antes
y ahora qué si no sé dónde ni cómo, resbala
la idea,
ese nudo, esa galleta, la incandescente
cosa.

Postal

La canilla que gotea en realidad es la aguja
sistemática del reloj. Sigo con la mirada
los árboles allá en el bosque alado;
perduran.
El tema no es el tiempo sino el verde.

Irene Gruss [Buenos Aires, Argentina]. *La mitad de la verdad* (contiene los libros *La luz en la ventana, obre el asma, Solo de contralto, En el brillo de uno en el vidrio de uno,* 2008); *Una letra familiar* (2007). Las antologías *Poetas argentinas* (1940-1960). *La Pared* (2012), *Música amable al fin, Notas para una tanza* (2012).

A Ernesto Sabato

Umbrío cielo te despide.
Hoy las hojas secas del jardín
extrañan la visita.
Pisadas otoñales,
recuerdan sonidos crujientes
— Santos Lugares —
crepita el corazón argentino
ante la ausencia.
Emblemático y justo.
Apasionado, tierno…

Ernesto se nos ha ido…
Se escucha un grito libertario.
Ciencia-letras-pintura,
armó el abecedario de su vida.
Pensamiento ausente de ceguera.
Túnel crepuscular en la existencia.
Austeridad, nobleza.
Valores, marcaron las horas…

Casi cien años cumplidos.
Hoy te despedimos.
Sobre héroes y tumbas has escrito.
Sabio cerebro se ausenta.
Luz eterna…
Cósmico dolor es tu partida.

Vacío

Me veo náufrago y sombrío.
Flamea una encrespada
fuerza de vacío.

Me puebla sin permiso.
Como un quebrado yelmo
mi boca, canta de pie.
Cómo explicar este vacío
que me invade locamente.

Intolerancia, incomprensión,
perversidad, dolor en vida.
Tan ahuecado me siento…
Atajo balas, golpes.
Me veo náufrago y sombrío.
Me puebla sin permiso una lágrima,
 un vacío inhóspito, imborrable.
Con gusto a ceniza,
con olor a muerte,
desolación y nada…

Un coro de ángeles
me salva del vacío,
y respiro…

Surge inmensa mi esperanza
encarnada como un sudario.
Flamea, rosácea, nimbada.

Afuera, bajo un manto de estrellas
Canta una cigarra y un grillo.
Cantan… cantan…

Marta Cristina Salvador [Argentina]. Maestra, abogada, docente universitaria, investigadora, poeta, dramaturga; gestora cultural, prologuista. Publica en antologías nacionales e internacionales. Libros: *A contra luz* (CD Multimedia) y poemario ilustrado. *Fulgor, El fuego de las palabras, Mi piel, tu piel, Cepas de Amor, Poemas con perfume francés, Voces*. Premios nacionales e internacionales.

Bolivia

Homero Carvalho Oliva

Herencia

Para Brisa Estefanía, Luis Antonio y Carmen Lucía

No vayan a creer
en Adán y su manzana
en los héroes de la historia oficial
en la solemne Constitución
y sus cuentos de Leviatán
en los pronósticos del fin del mundo
ni en las lágrimas de los políticos
cuando hablan de la patria
la patria no es otra cosa
que alguien a quien amar
una ciudad elegida para vivirla
una canción que nos convoca
un paisaje imprescindible
y los abrazos de sus padres
y por cierto los nueve meses
que maduraron cual simiente nuestra
en el vientre acuático de su madre
y el amor que se estremecía
haciéndonos balbucear de alegría
cuando pateaban la luna
anunciando que pronto nacerían
eso hijos míos y que sepan
que cuando nacieron
descubrimos que nosotros
       éramos sus herederos.
(De *Inventario Nocturno*)

Poética

El poema sobre ti

se fue escrito en tu cuerpo.
La última vez que lo vi
fue cuando la puerta se abrió al camino
y tus nalgas se llevaron mi poema.
(De *Diario de los caminos*)

Interioridad

Cuando estoy dentro tuyo
siento como creces en mi alma.

La Creación

Dios dijo apáguese la luz
tu ropa cayó al piso
y el mundo se iluminó.
(De *La luna entre las sábanas*)

Poemas de amor

Derrotadas las dictaduras
los poemas de amor
se volvieron peligrosos
porque son los únicos
en los que nos jugamos la vida.
¡La aurora siempre trae promesas!
(De *La luna entre las sábanas*)

Distancia

Lejos de ti,
el sueño es el camino
para encontrar tu cuerpo junto al mío.

Homero Carvalho Oliva [Bolivia]. Escritor, poeta, ensayista y gestor cultural, ha obtenido importantes premios literarios a nivel nacional e internacional. Ha publicado más de 19 libros. En 2012 obtuvo el Premio Nacional de Poesía con *Inventario Nocturno* y en 2016 recibió el Premio Anual de la Feria Internacional del Libro. Algunos de sus cuentos y poemas están incluidos en más de treinta antologías bolivianas e internacionales. Es autor de la *Antología de poesía del siglo XX en Bolivia*.

Siete

1

Lo hermoso de una mujer es como la orilla del mar: en cada recodo por el que aparece se levanta sorprendente.

2

La luna como la mujer siempre cambia y siempre es la misma: mágica, se diría un resplandor que nos subyuga.

3

Tu sonrisa, oasis, aurora, rayo, surco, semilla, marcha, bandera en las alturas, risa suave, nuevo sol, victoria y vida; el rayo que sella, el acto mágico que alumbra.

4

Efímera como la luna llena es la alegría del cuerpo. ¿Por qué entonces tu sonrisa se trepa a mi corazón, grillo que canta y canta?
(De *La Senda de Samai*, 2013)

Soldado de Marrakech

Golpeado
mis ropas trasminan olores
y el aliento guarda el tufo de la dura batalla.

Cerca
el fragor aun sostiene
los últimos rayos del prolongado día.

Ahora
a tientas y lastimado
busco el inútil reposo
de la sombra de las piedras

mientras en el costado laten
la herida y las hierbas
como si curar se pudiese
lo que adentro aún persiste
como fuego y como daño.

Un poco de agua es suficiente
pues al igual que en las fiebres
los enemigos tienen mi cara
y la cantidad de repente crece.

Nada digo
en silencio me preparo
cuando tranquilo el corazón
esgrima
nuevamente
la violenta espada
pensando en mi dama
(la de los velos sagrados)
muerto sea yo
degollando las impuras cabezas
de ojos sorprendidos.

Sostenida es la guerra santa
en las Navas de Tolosa.

GARY DAHER [Bolivia]. Poeta, narrador y ensayista. De su producción poética plasmada en nueve libros resaltan *Cantos desde un campo de mieses* (2001), *Viaje de Narciso* (2009) y *La Senda de Samai* (2013); como traductor: *Safo y Catulo: Poesía Amorosa de la Antigüedad* (con traducciones de poemas del inglés de Safo, y del latín de Catulo, 1995). Ha participado de diferentes encuentros internacionales en Europa y América. Autor de tres novelas. Ha recibido varios premios literarios.

Las palabras se abren
una a una despliegan su corola
invitan
de lejos
miro deslumbrada
ese jardín de delicias
me acerco
ávida
y temerosa de mi torpeza
y una a una se cierran
ante mi mano.

∞

Las palabras son el laberinto
se enmarañan
se hacen maleza
que me atrapa
espino
para el ala
rota en el verbo
inútil ahora
en este murmullo de sustantivos.

Sobre la mesa
se vierten las palabras
arden
hacen una hogaza de la que todos comen
me acerco
y no puedo probarla
los granos se cierran en su ánfora
sin levadura
no vuelan
no hablan.

∞

A tientas
retoña el día
reaparecen las cosas
y se intercambian
los nombres juegan
se escabullen
en lo oculto del jardín
detrás de un árbol
sorprenden
con su música
que casi llego
a descifrar.

∞

Pronuncio nombres
casa
nube
agua
taza
y también
desgarro
y siempre falta
el hilo para coser los nombres
que no partan a la deriva
para sujetarlos
a este gancho que me sostiene
en los huracanes
para que no me arrastre
la pérdida.
(De *A tu borde* 2015)

María Soledad Quiroga [Bolivia]. Poeta y narradora. Ha publicado *Ciudad blanca, Maquinaria mínima, Recuento del agua, Casa amarilla, Los muros del claustro, Islas reunión, Trazo de caracol, A tu borde*. Sus textos se han publicado en antologías en Chile, Colombia, México, Estados Unidos, Alemania y Gran Bretaña.

Los Q'ero cantan

Los Q'ero cantan
pastean a sus animales
y cantan
reverencian a los *Apus*
y cantan

Y ellos dicen que mientras cantan
se les llena de alegría
y de pena el corazón

Lloran cuando cantan

Yo lloraba al escuchar su canto llorado
pensaba la exigencia de la repetición

Cantan lindo
suavito cantan desde la sangre suave
Y es como si sus voces
repicaran profundamente
en el centro
de sus frentes y del aire nevado

                    y expiatorias subieran

a lo más alto

Río Yamuna

He cumplido cuarenta y siete años
sobre las aguas del río Yamuna

Iba con mi alma postrada

Ningún azar me ha navegado
por las aguas del río Yamuna
por ningún mérito fui regalada

Las quietas reverberaciones del Yamuna
llenaban mi corazón de felicidad
sentía el perfume de las flores
de los imperecederos kadamba

Entrecerraba los ojos
encantada
y el remero sonreía
secaba su frente y nos enseñaba los nombres
de templos de alargadas cúpulas
visibles detrás
de la nívea respiración
de las aguas del Yamuna

Había silencio

pájaros de un inverosímil turquesa
y otros
y muchos más

Lentas vacas se acercaban a la orilla

A mi lado había unos ojos claros
desaparecidos del mundo

Vilma Tapia Anaya [La Paz, Bolivia]. Se especializó en Educación Popular y en Salud Mental Comunitaria. Es autora de varios libros de poesía, siendo sus últimas publicaciones: *El agua más cercana* (2008), *Mi fuego tus dos manos* (2012), *Árbol, memoria y anunciación* (2013) y *La hierba es un niño* (2015); en prosa publicó *Fábulas íntimas y otros atavíos* (2011). Poemas suyos han sido incluidos antologías de poesía iberoamericana y algunos de ellos fueron traducidos al alemán, al francés, al inglés, al italiano y al rumano.

Brasil

¿cuánto silencio es preciso para hacer un poema?

   el silencio de la soledad y de las puertas,
de la imaginación, del mundo,
del viento, de las aguas y de los gatos

el silencio del blanco

tanto ruido por nada

silencio, silencio, el silencio
y algunas palabras
(De *caminantes* 2004)

de noche o con viento

con el viento
me doblo

ni caigo
ni me quiebro

esta noche
salgo descalza por las calles
y miro

de noche
todos los gatos son azules
(De *grãO* 2012)

¿piensas
que estoy hecha
de carne, huesos, sangre?

no

soy viento, lluvia, fuego, nada
(*De fluxus*, 2005)

clarísima

tus senos, Clarice
blancos, blancos
piel clarísima
clarinete
estrellas gritando
(De *claríssima*, 2012)

balada del niño del jabón Phebo

de la perfumería nacional
la más famosa especialidad:
jabón de glicerina
con olor a rosas por varias horas

después de usarlo...
¿negro-translúcido o verde-oscuro? —piensa el niño

imagino un baño refrescante en las playas antillanas
con la inocencia blanca de una sonrisa

y el niño caribeño gritando:
mi castillo de arena y mi reino
por un baño con jabón Phebo
(De *gardens*, 2012)

Cristiane Grando [Cerquilho-São Paulo, Brasil]. Escritora y traductora (francés, español y portugués). Autora de 14 libros de poesía en portugués, francés, español, catalán, inglés y guaraní. Laureada UNESCO-Aschberg de Literatura 2002. Doctora en Literatura (USP) con postdoctorado en Traducción (UNICAMP) sobre Hilda Hilst. Profesora en UNILA-Foz do Iguaçu. Directora-fundadora de Jardim das Artes y del Centro Cultural Brasil-República Dominicana, extensión cultural de la Embajada de Brasil.

Sueños

Rieles mágicos los sueños
Clavados en esta tierra,
Sin horizontes pequeños,
Cruzando campo o sierra.

Sin respetar los diseños
Que la geografía encierra,
Rieles mágicos los sueños
Clavados en esta tierra.

De ellos somos los dueños,
Reflejados en los ojos,
En los semblantes risueños
Que derriten los cerrojos,
Rieles mágicos los sueños.

Plegaria

Damabiah, favorece mi triunfo,
Soy espíritu del aire,
Cruzo el espacio y te pido:
Ilumina mi destino.

Damabiah, protege mi libertad:
Mi vuelo por este mundo,
Sin muros y sin linderos,
Con tránsito y conocimiento.

Damabiah, dame los siete caminos
Para que pueda elegir,
No me prives del amor,
No me prives de vivir.

Damabiah, hazme comprender mejor
De qué se trata todo,
No me prives de que sea
La que defienda la razón.

Damabiah, al final de la tarde,
Ven y escucha mi ruego,
Haz que suenen las trompetas.
Tienes un brazo poderoso:
Sé mi consuelo.

Nostalgia

De un mundo mejor
De una vida más libre
Sin vivir bajo opresión

De los sueños gigantes
Que se llegó a tener
Y que desaparecieron

De creer en el amor
Y esperar con ilusión
El mañana y el futuro

De un mundo mejor
Sin vivir bajo opresión

Maria de Lourdes Otero Brabo Cruz (Malu Otero) [Bragança Paulista, São Paulo, Brasil]. Publicó el poemario bilingüe *Cóndor en Libertad/Condor em Liberdade* (2015), *Entre Nós os Laços/Nosotros, Nudos y Lazos (2013)* y *Yo No Sé Mañana... Poesías de Amor (2012)*. Participó de las Antologías de los *Mil Poemas* organizadas por Alfred Asís, de la *Antologia de Poemas Latino-Americanos Daqui e Dali (2016); de 1ª Coletânea de Poemas da Academia Luminiscência Brasileira (2015); de Heranças Luso-Espanholas (2015)* y *Antología del Guadalquivir (2013)*. Premio de Arte y Literatura Interarte 2014 en la categoría Mejores Libros de Poesía, en la ALG – Academia de Letras de Goiás, Brasil.

Andrómeda

No hay razón.
Hay, cuando mucho, estrellas, nostalgias.
Abres un libro. Cuántas constelaciones te rechazan.
Con tus cabellos de oro deseas que esta sea
la morada que procuras,
la palabra que exista pero se escurre entre las manos.

Tienes apenas un destello ciego
para que vengan. Guardas cualquier recuerdo hecho color,
aunque muerto,
y la sigues con el fuego fatuo de tu voz.

Ni las más brillantes estrellas, ni las más voraces
nostalgias: todo falta —Amor/Tiempo.
Quedan tus cabellos de ceniza con que te inclinas
sobre la vida volteando el rostro al cielo.

La belleza que tienes, no la que das,

roza la eternidad en mis ojos.
Bajo los árboles de la sombra que la naturaleza concede,
siento tus dedos leves reposar en mi nuca.
Tus labios breves –tu piel—,
dispersa mi voz: instantes de la tarde.
Sobre mi pecho echada lanzas, tu sombra, tu cabello,
la belleza que tienes: es efímera y me basta.

Cuando Duermes

precaria como el día,
señalada por la densa luz,
cargas un peso solamente tuyo.

Cuando, al margen de cualquier figura
(como esta en que, remota, finges)
sigues despreocupada en tu sueño,
y en algún lugar preguntan por ti.
Cuando pendes ebúrnea, silenciosa,
ebria —un momento antes del gesto
límpido de un pájaro que ignoras—,
tranquilamente retornas al día.
Y ningún viento sopla en tu pecho,
ningún sueño o cincel osa tallar
el mínimo detalle en que despiertas.

Todavía

La eternidad.
Las palabras sin sombra,
los nombres duermen, balbucean la pronunciación en tu boca.
Tus cabellos y tú, entregados al devaneo, sueltos
como hojas de un árbol cayendo en el olvido.
En la raíz del día, abajo, en el éter de la nostalgia,
en los muros silenciosos de la ciudad en que sueñas

        –interrumpida.

Thiago Ponce de Moraes [Rio de Janeiro, Brasil]. Poeta, profesor y traductor;
autor de *Imp.*(2006) y *De Gestos lassos ou nenhuns* (2010), además del libro de ensa-
yo *Remos e Versões* (2012). Ahora prepara una antología, *Dobres sobre a luz*; así
como traducciones al portugués de J.H Prynne, Basil Bunting, Emily Dickinson
y R.W. Emerson.

la ascensorista

la primera vez que vi a Teresa fue hoy por la mañana cuando
bajé en el ascensor cuando vi a teresa otra vez fue hoy por la tarde
cuando
subí en el ascensor. No vi nada la vez tercera bajé por la escalera

distancia

los textos de botánica
       no huelen como las flores la receta del budín

no tiene almíbar y ni sabor el retrato de la abuela
       no se queja de dolores

mis películas de viaje
       no me sacan de donde estoy

haicai de verano

de infinitas lágrimas y salvado de fécula se hacen las playas

La danzarina india

Los movimientos de Minú
en el centro del salón
no cambian en las palabras.

Las palabras son estacionarias
no golpean los pies en el piso
no mueven la cabeza de aquí para allí
no tienen campanas en los tobillos
ni una pelota roja entre las manos
ni pendientes que se agitan

ni una gota en el centro de la frente
y ni la verdad de un único ademán suyo.

A donde va la mano
va la mirada, el alma devolviendo

la calma que la palabra nos robó.

Tres constructos

Existe más verdad
en el rastro de la culebra
que se arrastra en el piso
escribiendo en la arena
que en esas palabras necias
mera observación, por cierto bobadas.

Existe más verdad
en cualquier vuelo de pájaro,
en la invisible movilidad del aire
escrita con la punta de las plumas,
que en esas palabras fugaces
ensayo de contemplación digna de pena.

Sin embargo, si no fuesen esas palabras hábiles,
zumbando entre el cielo y el suelo,
nunca estaríamos aptos
a ver verdades ajenas
la escrita invisible del pájaro,

el rastro de la culebra en las arenas.

Lucas Viriato [Brasil]. Autor de *Memorias Indianas* (2007), *Retorno al Oriente* (2008), *Los cuentos Mary Blaigdfield, la mujer que no quería hablar de Kentucky —y otras historias* (2010), *Antología de prosa Plástico Bolha* (2010), *Cortos y más cortos* (2012), *Muestras* (2013), *Cuerpo poco* (2013), *Antología de poesía Plástico Bolha* (2014), *Blue* (2015). Desde el año 2006, edita la revista literaria *Plástico Bolha*.

Chile

SILVIA CUEVAS-MORALES

Escribir poesía es arrancarse el hígado,
vaciarse el corazón de un disparo.
Es desterrar los miedos y dar palos de ciego,
en búsqueda del verbo que guíe nuestros pasos.

Desgarrarse la piel y mirarse a los ojos
sin disculpas tardías, sin máscaras ni ruegos.
Es enterrar los dedos en el fango y en la llaga,
hurgar en lo más hondo de nuestro odioso sexo.

Escribir poesía es el único grito
capaz de redimirnos del suicidio, del pánico,
del horror que corroe nuestros cansados huesos.
La única estrategia para seguir viviendo.

A veces nos arrancan la alfombra de raíz,
emergen afilados clavos desde las puertas,
los caños oxidados mascullan en los muros
y un sátiro se burla por detrás del espejo.

A veces inventamos estultas artimañas
o ponemos vendajes de gasa entre las grietas,
con la pueril certeza de que nuestra morada
no se derrumbará sobre nuestras espaldas.

Otros días que vibran los cimientos con fuerza,
las bombillas explotan soltando llamaradas,
y arrastramos los miembros cual pesadas maletas
henchidas de recuerdos y pérdidas de antaño.

Desde nuestros bolsillos rotos caen los odios,
las disculpas tardías, todos los menosprecios.
Ruedan como canicas por los tablones viejos

hasta desvanecerse en un rincón desierto.

Días que las goteras se escurren desde el techo
igual que las lágrimas que anegan tus pupilas.
Las puertas que se atascan, las ventanas se sellan
y tu pecho se agita saturado de gas.

A veces hay que dejar que la oscuridad venza,
aullar como una loba y bajo los escombros
recoger las esquirlas, apartar los cascotes
para reconstruirse o entregarse a Satán.

Silvia Cuevas-Morales [Chile]. Poemarios: *Purple Temptations* (1994), *Al filo de la memoria* (2001), *Canto a Némesis* (2003), *Rodaré maldiciendo* (2008), *Poliamora* (2010) y *Pienso, luego estorbo* (2013). Trabajos de investigación: Diccionario de autoras en castellano. Siglo XX. Vínculos Teatrales y Diccionario de centenarias Ilustres.

A puerta cerrada

Nos despiertan ruidos en la habitación de al lado Ella guarda
silencio con todos sus labios
Él siempre dice que un nuevo país crece en el estómago de otro
la rama torcida y mucho más violenta.
Nos quedamos encerrados aquí afuera a este lado del cerco policial
mirando la acción que sucede en fotografías de ciudades que no
conocemos en el zumbido que cometen los cuerpos seguros de
que ésta sí será la última vez
Sólo los lugares tienen memoria De pronto se está ahí parado
oyendo a quien nunca habla en serio
como emprender una carrera de ida y terminar donde mismo,
el niño
[que se deja solo durmiendo y que al regresar de madrugada
ni siquiera se ha movido
Porque es cierto, la ciudad te seguirá.

I

David Vincent
…Todo empezó con un hombre tan cansado un hombre tan
fatigado que ya no podía ver buscando un atajo que nunca
encontró su nombre David Vincent...
(Los Invasores)....
Paranoia de David Vincent –Supongo que en la vida real sucede
lo mismo no te parece–
—*debe creerme inspector ellos arrancan nuestras carnes derramándonos se
aparecen tras el gentío con sus naves de luto tras ese ruido que somos por
las cunetas rumbo al gran desagüe*—
El silencio de esos ojos desde que el receptor ardió iluminando
las cuencas desde el primer día Un sueño caído sobre el piso
Pupilas frías y dilatadas en la superficie del espejo Mientras

esperábamos en aquella habitación cerrada pensando en lo que
vendría.
—*inspector, debería haberle visto parado con su equipaje de bestia y recetarios
de cocina entre la ropa interior*—
(como si el asfalto no anunciara a lo lejos al ángel que habita fuego
y penas el que vio de si —viéndose— su sangre en púrpura ves-
tido)
De allí que el vestuario Los dibujos craneanos Esta lengua seca de
mortaja prematura Hablando el que despierta sin saber donde está
Depredado semi-lúcido semi-ungular Escupiendo de vez en
cuando hasta que el día ennegrezca a mitad de un cigarrillo.

Insectos V

Una mujer canta en el baño Desde la casa deshabitada las uñas
se aferran al piso a las sábanas Los insectos sudan a diario en sus
madrigueras Cambian de piel Cacarean/ danzan Y en torno a
mis pies Un cementerio de fósforos quemados.

Paradero de micros

A esa hora/ desde el paradero de micros las tablas orinadas
exhibían una realidad
/en blanco y negro o color. Algunos sumidos en nuestra propia
camisa pagana
nos internábamos en las pisaderas /con sus grabados rupestres
mirábamos por los vidrios un ritual de pájaros anónimos sobre
el Calle-calle con sus óvulos Limpiando la fisonomía de desagües
/muros pincoyas silbando en cuatro patas
desde la orilla de la calzada.

Víctor Hugo Díaz [Santiago de Chile]. Ha publicado *La comarca de senos caídos*
(1987), *Doble vida* (1989), *Lugares de uso* (2000), *No tocar* (2003), *Segundas intensiones*
(2007), *falta* (2007) y *Antología de baja pureza* (2013 y 2014). En 2004 ganó el Pre-
mio Pablo Neruda en su centenario; sus poemas han sido publicados en diversas
revistas y antologías. Es reconocido como una de las voces poéticas vivas más
importantes de Chile.

Incineración para los amantes

En el eco de esa llama sin fondo
incendiamos el destino
alargando los brazos
el mundo se detiene.

Nada impide el roce de nuestros cuerpos.

Alcanzamos a anclar
el beso al juramento
sin quemarnos sentenciamos la danza
en el revoloteo de sorpresas.

Todo lo próximo somos nosotros.

Los amantes

Los amantes muestran los dientes
como artilugio de honestidad
Entre risotadas se arrancan las plumas
revuelcan sus ansias en escenas pornográficas
Carnal abismo del olvido.
Fuente de comodidad enraíza
un refugio dudoso
Plastificado en óleo
el destino queda a la espera
del siempre bien sabido final.
La muerte
condena caprichosa
Arrebata en sus múltiples sentidos el pulso
Los amantes quedan expuestos al frío
la humedad llega a los huesos
ya la risa se pierde entre tumbas, pinceles y gatos.

Temor

Temo no ser en mí cuando acabe por hallarme
En ese estar sin ancla de naufragio anestesiado.
Temo ser sólo en otro
pensamiento en corriente ideado
vaciando desde mí
la necia silueta del bosquejo.
Temo hacer presencia en el presente que es ajeno
que no permite mi sarcasmo
y me deja en cuerda floja
a la voluntad de lo pensado.
Temo estar distante de mi asombro
ausente del encuentro
perdida en el recuerdo escurridizo
del arranque de un poema escrito con mi rostro.
Temo hacerme en adjetivos que poco se allegan a mi nombre
Que calan como juicios y me hacen al desvío
Y disfrazan mi cuerpo y me visten de armadura
Encadenando a mi destino pasos que no he andado.
Temo no ser yo quien se halle
Cuando todo lo demás me haya olvidado

Isabel Guerrero [Rancagua, Chile]. Profesora de Castellano y Filosofía. Actualmente es directora de Revista *Mal de Ojo* y parte del comité editorial de *Revista Latinoamericana La Ira*. Ha publicado *Poemario Obstinado* (2013) y la plaquette *Anzuelo* (2015). Ha participado en Encuentros Literarios en Chile, Colombia, Argentina, México y Cuba.

Atisbos de guitarra traspuesta, pájaros de mimbre y
/ el arte de pintar piedras.
Todo eso cabía en el lado menguante de mi abuela,
lado preferido del niño buscando fauna fósil.
Pero el gigante canuto que todo se come
con su infierno,
me llevó a esconderme de este dios
que con temor sentenciaba al rebaño escogido.
Mis gárgolas fueron los culebrones y los cueros vivos.
Entonces, volvimos al redil del padre celoso y cómplice
de los secretos innombrables,
cuando el diablo metía la cola y el miembro.
Y todos callaban porque el altísimo permitió caer
/ bajísimo,
entre oraciones y azufre, al lado del pantano
que nos rodeaba con juguetes muertos..

Perra muerta

La farsa de ser perros callejeros
Y tener que vivir con esperanzas fugaces
Haciendo de volutas de humo, hogares.
Subiendo el cerro mil veces.
Engañándose que los turistas son familia
a cambio de una caricia
y un mirar profundo que diga:
eres de mi manada.
Ese colgarse en las gotas en picada,
precipitar en el hambre de ser «lobo estepario»
Y no bastarse porque el frío
es soledad sin cobijo.
Este trepidar inocente...
con la perra muerte por madre.

Perdimos

Somos el vértigo hormiga
que va y viene,
la prisa del choque arrasando
todo el tiempo.
Miramos tras cámaras digitales;
perdimos el hablar frente a frente.
No tenemos canto.

César Hidalgo [Temuco, Chile]. Poeta, músico y editor. Cofundador de la Fundación poeta Aristóteles España. En el año 2010 publica *Al Este de Todo*, libro que es traducido y publicado al inglés por el poeta norteamericano Robert Keisser, en el 2014. En el 2012 participa en la Feria Internacional del Libro de Buenos Aires.

Colombia

LILIA GUTIÉRREZ RIVEROS

Intervalo

Retornar al origen
donde no hay principio
con su eco hacia el fin.

Ser la ola del Mar
que todo lo contiene,
piel de los crustáceos
movimiento pausado
en el ir y venir de la corriente.

Matiz descubriendo
recodos y estaturas.

Descifrar los espacios
en los hilos del viento.
Sentir el manto de un cálido día
y el cielo salpicado de luceros
en un festín nocturno.

Ser por un instante
sencillamente ser.

Espíritu de la cosecha

Síntesis de siglos en la hoja
transformando la luz en sustancia.

Derroche que será flor y fruto
en la coreografía del paisaje.

Columna para el ritual de las abejas
la vacilación del colibrí

la rendición de mariposas
y el despilfarro de aromas.

Equilibro en la hora horizontal
cuando las manos se abren
para recibir en manojos el alimento
que alegrará los rostros y las bocas.
Envoltura de gramíneas
vigor de lunes y de auroras.

Brisa

Pulsora de flautas y de quenas
rumor en las hojas, pasajera del viento
roce en la ventana de la espera.

Voluntad sobre la arena
verdad impalpable y sutil
consejera de los días y las noches
arpegio en la madrugada.

Pentagrama de canarios
festival de timbales
resonancia de tambores
eco de trompetas.

Suavidad de la danza
culminación de risa
secante en nueva lágrima.

Lilia Gutiérrez Riveros [Macaravita, Colombia]. Poeta, ensayista y narradora. Libros de poesía: *Con las alas del tiempo, Carta para Nora Böring y otros poemas, La cuarta hoja del trébol, Intervalos, Pasos alquilados, Inventarios, Sinfonía del Orbe, Poesía Completa* (2014), *Valerio Valentín* (novela, 2014), *Los duendes de July* (2013). Ganadora del I Concurso Mundial de Ecopoesía, 2010; Embajadora de la Paz del Círculo Universal de Embajadores de la Paz con sede en París y Ginebra. Fundadora y Presidenta de Poesía sin fronteras.

I

¿A dónde van los días transcurridos?
¿Aquellas pequeñas sombras de lo que un día fue sol?
¿Por qué nos es tan esquivo eso que llaman mañana?
¿Eso que asomaba detrás de las montañas como porvenir?
La piel se cuaja,
Los huesos se quiebran
Y los días corren como briznas de paja en ojo ajeno.

II

La música es lo único que queda después de la muerte.
Un viejo murmullo de lo que fuimos
Quedará suspendido sobre las teas del tiempo.
Acaso alguien camine nuestros pasos
Recorra esas huellas borradas por los borbotones de un océano
acústico.
Al menos seremos eso:
Viejas sandalias calzadas por una muchacha que secunda
Lo que creíamos era el camino.

III

AL POETA ITALIANO
GERARDO SANGIORGIO (1921-1993)

Y pensar que nada permanece
Que todo lo dicho es como una flecha arrojada al viento.
Que incluso las palabras son evanescentes
Frágiles ante los labios que las pronuncian
Pero que pudieron
(Debieron) callarlas.
Todo es fugaz:

La mano levantada
El puño aferrado
La boca hambrienta del deseo.
Nada queda:
Lo lógico es la impermanencia,
El ancla que se aferra a la muerte
Y a su vacío más puro.

IV

Los días en el calendario
Son como pájaros de ceniza
Crispados hacia un molinillo de viento.
Sorprende cómo pasan las horas
Los esqueletos sin máscara de los años.
Todo corre como una estrella de hielo
Como un meteorito sin sombras.
Sorprende cómo los ojos parpadean
Ante la visión de los trienios transcurridos…
           …De lo que hace una década era.
Así es el tiempo
Un copo de escarcha
Derretido en la espiral de un brasero sin luz.
(De *¿A dónde van los días transcurridos?*)

Winston Morales Chavarro [Neiva, Huila, Colombia]. Magíster en Estudios de la Cultura, mención Literatura Hispanoamericana. Profesor en la Universidad de Cartagena. Ha ganado los concursos Nacionales de Poesía de las Universidades del Quindío, 2000; Antioquia, 2001, y Tecnológica de Bolívar, 2005. Ganador del Premio Internacional de Literatura David Mejía Velilla, Universidad de La Sabana, 2014, Bogotá; Primer Premio IX Bienal Nacional de Novela José Eustasio Rivera. Poemarios: *Aniquirona, De regreso a Schuaima. Memorias de Alexander de Brucco, Summa poética, Camino a Rogitama, La Ciudad de las piedras que cantan,* entre otros. En narrativa: *Dios puso una sonrisa sobre su rostro,* novela, en ensayo: *Poéticas del ocultismo en las escrituras de José Antonio Ramos Sucre, Carlos Obregón, César Dávila Andrade y Jaime Sáenz,* y en periodismo: *La Bella despierta y otros textos.*

Misantropía

Aquí desde un café negro
desde el infinito asiento que a medida pasan los años se deforma
ángel epiléptico de la última hora
cuando todo Manhattan mira de reojo a la séptima avenida con el
charco y la paloma
y otro número de otros tantos horrores en una mesa de frío
medias rotas y mojadas por su encuentro con la rabia
y rabia sujetándome como su cuchillo, temblándome en la cucha-
ra sin azúcar
con mil llamadas perdidas
les escribo, les escribo, les escribo
cuando lean esto, cuando lean esto, cuando lean esto
estarán haciéndose añicos los genitales con los genitales
arregladitos para los gusanos
estarán, estarán, estarán
preparando suculento menjurje para el próximo desapercibido
que nazca.
Sin embargo, ¡ojo!, sin embargo
examino, observo y así me confieso
resbalándome en el olor putrefacto de mi propio paso
el mío, el mío, el mío
el corazón que ha palpitado más de lo acostumbrado
y como lo acostumbrado no soporta pero está allí resistiendo
con todas sus cavidades y sus arterias bombeando hasta la urea
resistiendo conmigo en un doble esfuerzo de hermanos
pero veo la calle y los veo con lo puntiagudo de sus zapatos
por ese gran ventanal que nos separa
pero algo en mí, algo en mí, algo en mí
algo alborotado y antiguo quiere abrazarlos
gente que se apresura
gente que esquiva
gente que delata

gente que sospecha
gente que escupe chicles en la acera
gente que le sube a la música
gente que necesita un sorbo de mi agua embotellada
gente como la mía, gente como yo
gente sola en su gentío
que se comen las uñas por no comerse entre ellos
puntos suspensivos entre el diente y el vacío.
Caminar apuñalado se ha hecho costumbre
un mal, mal, mal hábito dirían los ancianos
andar con ojeras como relojes
y el viento era frío pero tan solo era eso
y ustedes que no conocía
iban y venían opacando la ciudad del tétrico copo de nieve
mientras mis pies en el río
se hacían turbios ante la mirada de un halcón
y respirando una eternidad a la vez era todo tan simple como el
oxígeno
y era tan solo eso: beso y molécula
y los sentí por primera vez como cañón apuntándome entre mis
dos palabras favoritas
y no hubo otro remedio
y sé que los glorifico
con este miembro que se deleita de porno
me masturbo y lloro al mismo tiempo
y cada tres minutos se desatan mis cordones
por la ansiedad humana que ladran los perros
y me di cuenta de mi infancia
y sonaron tambores de una fiesta fúnebre
y hasta mis gónadas fueron campanarios anunciándolos
y mientras nos quitábamos la venda
los miraba en el balcón como pajarraco a la intemperie
les escribo, les escribo, les escribo
¿Hasta cuándo les volveré a no escribir?
¡Es inútil!
Son las seis de la noche,
frente a la mesa de frío también son las seis
la gente se cambia de ropa

las señoras esconden sus anillos
se encienden los televisores
otros lloran sentados en el inodoro
el perro aúlla porque es humano
quizás haya un baile o dos entre los cuerpos, en la lejanía
y un centavo cayendo en la quinta avenida y doliéndole
a los dioses ante la noche triste de la vida
vida que no queda otro remedio
que sacar el paraguas y pagar la cuenta.

Diego Rivelino [Colombia]. Poeta, escritor, actor motopoético y diseñador gráfico. Ha publicado: *SINASCO* (2007), *Arte Bestial* (2009) y *Malparidez* (2015); aparece en la antología *Tejedor en Nueva York* (2011) Su arte ha sido publicado en renombradas revistas de España, Colombia y Estados Unidos; es miembro del Colectivo 'Poetas en Nueva York' y cofundador y miembro del periódico cultural *Vecindad*. También se ha destacado por sus performances poéticos que él mismo denomina como "motopoesía Poetas en el sótano".

En los países condenados

En los países condenados
Moribundos
Desangrados
Putrefactos
Los buitres se disputan
Con las moscas
El derecho de cenar
Los cuerpos transparentes
De los niños.
En los países condenados
Moribundos
Desangrados
Putrefactos
La música de las costillas
Contra el viento
Protege los estómagos vacíos
De perderse para siempre
Como una paloma.
En los países condenados
Moribundos
Desangrados
Putrefactos
Nada apesta tanto
Como sus gobernantes.

El túnel

A veces la vida se nos abre como una boca,
Atractiva, luminosa y profunda.
La penetramos con la luz en las espaldas
Dejándonos tragar a paso lento.

En el primer recodo nos quedamos solos.
Completamente solos. Solos.
(Lo que no es del todo malo).

Solos, solos y a obscuras
Pero seguimos avanzando…
Avanzando y cayendo… cayendo.

Los golpes se nos vuelven frecuentes,
Frecuentes y dolorosos
Como el hambre de los niños.

El frio no se hace esperar,
En la obscuridad nos cobija
Con la generosidad de todos sus colmillos.

Seguimos avanzando, a ciegas, pero seguimos.
De cuando en cuando alguna mano nos sujeta
Compartiendo con nosotros la esperanza.

Seguimos lentos, lentos y ensangrentados
Dejándonos devorar por nuestra propia vida.

No sabemos qué pensar
Ni lo que nos depara el siguiente paso.

Todo es sobresalto.
Todo allí es resbaladizo y aparentemente frágil.
Todo es humedad, rudeza, vacío.

Las lágrimas y la sangre no cesan.
Y cuando decidimos claudicar
Porque penden de un hilo nuestras fuerzas
Agobiados por el eco terrible de esa tumba.

Cuando ya no queda más,
Allá, al final, aparece una luz.

Edilson Villa M. [Colombia]. Filósofo y poeta radicado en Buenos Aires. Entre sus libros más destacados, se encuentran *La danza de las mariposas*, *El sendero del fuego*, *El espíritu del sable*, *El bonsái seco*, *La sal del ancla* y *El haikú de la escalera*. Ha publicado en varias antologías, periódicos y revistas de toda Iberoamérica.

Costa Rica

PABLO NARVAL

Auteur

Un ruiseñor vino y se posó sobre mi párpado,
yo era tal vez un vegetal muerto,
una flor traspasada por el polvo.
Sentí sus patitas que se sujetaban
a mi ojo izquierdo.

Yo no lo quise espantar
porque sentía el aire de sus alas en mi pupila,
pero yo estaba
arrinconado,
estéril,

un parásito de sombra me envenenó
la lucidez
y tomé su cruz para liberarme
Vino este ruiseñor a sonreírme
miré en su pico la pequeña nube de mi reflejo.

Soy el autor,
El palidejo de la camisa azul que llora…

Mañana me encontraran con las manos rotas.

Soy Orfeo

Glug, glug,glug,
Yo soy la cerveza.
Yo soy el vino.

La noche medita
bajo los calcetines de una sombra.

La calavera es la máscara del silencio,
fuente oportuna de la verdad,
alma de todos los afueras
donde se comete el crimen de la luna y los sombreros.

El telón se abre por arriba de mis ojos
y sólo me deja ver esta obra fallida
entre el duelo de mis huesos.

Se escucha la canción maldita
que devora mi sangre:
Una furtiva lágrima…
Soy el duelo,
soy el canto dentro de mí que me mata.

Soy la cerveza,
soy el vino.

El Diablo va moviendo las trenzas inauditas del alma
y desciendo más y más a otra luz que no quiero.

Soy joven
y me quemo,
soy fuego
derritiendo el vidrio de mí encuentro.

                              Glug,
                        glug,
                  glug.
Se acabó la vida.

Pablo Narval [San José, Costa Rica]. En el 2014 publica su primer libro *Cartas para inventarnos*. En el 2015 gana el premio Lisímaco Chavarría Palma de la ciudad de San Ramón de Alajuela con el libro *Aquí comienza el mundo* que será su segunda publicación. En el 2012 participó con el ensayo "El silabario del poeta" en el simposio sobre Derek Walcott, en el marco de la Feria Internacional de Libro de Costa Rica.

Licht, Mehr light

Claridad sedienta de una forma
Claudio Rodríguez

Paso la página de los años roídos
y pienso en las últimas palabras de Goethe:
Luz, más luz.
Quizás porque es lo primero
que en su sitio permanece,
o es un don en la palestra del silencio,
o una presea que se llena de polvo
hasta que unas manos la cubren
con la humedad que viene de la noche.

Morir también es una cualidad de la luz,
plantarnos su heredad en el vacío
para crecer en falanges
y ritos donde la sombra existe.

Los días y las horas se reinventan,
caen hacia el cenit y todo es riesgo:
nos cubre la edad de la ceguera
y cuando no existe, la luz hay que nacerla.

Así baja el siervo de la montaña a beber la luz,
así tienen los muertos su fábula de luz,
así se quiebra el mundo en dos mitades
y su centro es una orgía de luz,
así se llena el pájaro de luz, como una jaula.

Goethe lo sabía al momento de morir,
yo lo sé ahora
que la luz juega a vencerme, más y más,

desde la claridad sedienta de sus formas.
(De *El Manuscrito*, 2016)

Contra los poemas de amor

Matamos lo que amamos,
lo demás no ha estado vivo nunca.
Rosario Castellanos

Será mejor así, amor, que no te ame,
junto a esta jaula adherida al pensamiento.
Que te deje sola en el último minuto
donde los náufragos se inmortalizan
aferrados a su trozo de madera.

Será mejor negarte, ser insumiso,
quebrar los vasos frágiles del llanto
bajo el silencio de lo perdido,
tomar entre las manos la hermosura
y apretarla hasta que sangre.

Sólo lo que no está nos pertenece.
El vacío es a la vida
lo que al amor la combustión.
Es necesario que todo esté en llamas.
La eternidad es una perra enferma
que se duerme entre los gritos del mercado.

Será mejor así, amor, que no te ame,
para dejarte intacta una vez más,
en la pureza de las cosas
que no han estado vivas nunca.

Juan Carlos Olivas [Turrialba, Costa Rica]. Ha publicado los poemarios *La Sed que nos Llama* (2009), *Bitácora de los hechos consumados* (2011), *Mientras arden las cumbres* (2012), *El señor Pound* (2015), *Los seres desterrados* (2014), *Autorretrato de un hombre invisible (*Antología Personal, 2015) y *El Manuscrito* (2016), libro ganador del Premio Eunice Odio de Poesía 2016.

La mujer impar

Porque soy una mujer impar calzo el número
de las cerraduras prohibidas
desato mi cabello en plena lluvia
y odio el azúcar en el café
Me maquillo a solas para bailar conmigo
detengo las horas y los caminos
canto el silencio de las concubinas
soy su placer
Reconozco la desnudez en las palabras
orgasmo con ellas
me postro ante ellas
con la ansiedad de las sillas vacías en las esquinas
Soy impar cuando amanezco o lloro
el orden sería distinto
si no supiera ignorar las reglas
Por eso revivo la memoria de los hundidos
soy ese barco
no exijo salvación
mucho menos naufragios
Prefiero el agua caliente para culminar con frío
y así sentirlo todo
en la corta eternidad de los peces
que andan de un lado a otro
como si a la primera
viajaran por última vez

Los peces también sueñan

Lêdo Ivo ojea el menú en busca de un poema
para su próxima lectura
Un poema donde ellos *sueñan con los ojos abiertos*
aunque nosotros *todavía no aprendemos a soñar.*

Lêdo Ivo cierra el menú
para abrir el cadáver exquisito
cubierto de espinas
donde purgan sus almas las tilapias
en el fondo del tazón.

Lo lleva a su boca
frontera de palabras y migas de pan
que se desprenden de los pobres
cuando bajan del autobús.

Termina su sopita de pescado
y da las gracias
entra a la cocina
y da las gracias
pide la receta
para colgarla en su ventana
como esos murciélagos
que se mecen intactos
en las cornisas del sueño de su padre.

Juego de piernas

Danzo como la mariposa y pico como la avispa
Muhammad Alí

Recuerdo haber mordido
la flor de las avispas
Zaire encima de los cordeles
donde solo la sangre
y la poesía

Mobutu sacude
al pueblo
mis pies rugen
la audición del Bolshoi

África reclama
el tapiz de esta lona

resbala el elefante
contra las cuerdas

En mis pesadillas corro
Foreman persigue mi boca
quiere arrancarme los pétalos

Paola Valverde Alier [Costa Rica]. Poeta y gestora cultural. Productora General del Festival Internacional de Poesía de Costa Rica. A finales del 2010 publicó su libro de poesía *La quinta esquina del cuadrilátero*, en 2015 publicó *Bartender*, con el cual obtuvo la Mención de Honor en el Premio Nacional de Poesía Aquileo J. Echeverría de Costa Rica. Traducida al portugués e italiano y seleccionada en diversas antologías internacionales.

Cuba

Juegos de niñas

En esa franja en la que el sueño se hace día
y el día sigue siendo una bruma primigenia
ella alza el dedo
me señala
y dice tú.
Dibuja en un papel mis iniciales
y lo pega en el vidrio de su propia ventana.
De afuera llega el son
el mismo viento dulce de una tarde lejana
la nostalgia del verso abreviado
y doloroso.
Sobre la nada hacemos equilibrio
una danza que parece de otro tiempo
una música quieta.
Toda la sombra se ha convertido en luz
en este juego en el que somos diosas.

Bailando a oscuras

Fuera del vidrio hay una música insistente
que nos llega en sordina
el jazz de una trompeta trasnochada.
Al son
nos teje una burbuja
en la que no hay nociones
sólo tú y yo danzando el tiempo que nos toca.
Trazan los pies
en círculo
el inicio de un camino.
Sobre el compás de mar de tu cintura
mi mano es una barca a la deriva.

64 | María Farazdel [Palitachi]

A un lado de la luz

Había una banquita
de madera
a un lado de la puerta del salón.
La luz se desbordaba desde adentro
fruición minimalista
exquisitez.
Tú no quisiste entrar
es más hermoso ese rincón
esa penumbra donde tomarte de la mano.
Eso dijiste y nos quedamos fuera
como dos colegialas esperando al tutor.

Lilith

Su piel morena
brillante de sudor
es el principio de todos los caminos.
Me cabalga esa potra
me pone en el ombligo su perla reluciente
la hunde con el dedo
suelta la carcajada.
Estalla el aposento en mil haces de luz.
Ella recoge la túnica del suelo
traspasa los umbrales
se pierde entre mis ojos.
(De *Bailando a oscuras*, 2015)

Odette Alonso [Santiago de Cuba]. Reside en México desde 1992. Su cuaderno *Insomnios en la noche del espejo* obtuvo el Premio Internacional de Poesía "Nicolás Guillén" en 1999. Autora de la novela *Espejo de tres cuerpos* (2009), los libros de cuentos *Con la boca abierta* (2006) y *Hotel Pánico* (2013), así como de doce poemarios; el más reciente, *Bailando a oscuras* (2015). Sus veinte años de labor poética fueron reunidos en dos antologías: *Manuscrito hallado en alta mar* (México, 2011) y *Bajo esa luna extraña* (España, 2011). Es la compiladora de la *Antología de la poesía cubana del exilio* (2011).

La extranjera

Tus cartas terminaban siempre: *A ti que estás en un país
extraño y lejano.* Cuando todavía podías escribir,
cuando tu mano aún era tu mano
(un látigo) y no un manojo de nervios, un temblor.
La primera navidad fue también la última, reunidos
bajo el árbol que ya no veías, apiñados como hojas.
Salí al patio a limpiar las hojas.
(Tú escuchabas el rumor).
Dijiste que no era necesario,
que la maleza volvería a inundar la casa.
Pero yo me aferré a ese gesto inútil.
Te veía avanzar dibujo de Ensor, calavera de
Guadalupe Posada.
Estuve años con la plantilla de tu pie en el bolsillo
para los zapatos fúnebres.
Pero en la muerte no hay grandes pies ni zapatos.
En la manera de negarte la tierra, soy tu hija.
Soy ahora el lejano y extraño país.

Nada verdece sino el musgo

Sino la enredadera frondosa de horror.
El magma, sedimentándose hondo en la sangre,
abre boquetes, bocanadas.
Vienen a veces las palabras, dibujos de los niños,
que encadenan a alguna fe. Letras contra la
precariedad, interminables sirenas en las noches.
Había la mujer que en el invierno se calentaba con cartas.
Quemaba todas esas palabras (madre, padre, país)
que la pudieran retener.
Ni un crujido de pobreza, de vanidad.
Se separaba al fin de la corteza terrestre.

Adelantando el paso

(¿Y si yo fuera Paul Celan?)
Y un soldado me sustrajera
la madre
las sílabas
las hebras de sol
y me pusiera
a bailar
a cavar
el poema
(su fosa común)
de un disparo
en la nuca
a una imposible
sulamita?
(De *El remoto país imposible*).

Damaris Calderón Campos [Habana, Cuba]. Ha publicado más de catorce poemarios, entre los que se cuentan *El remoto país imposible, Sílabas. Ecce Homo, Los amores del mal, Parloteo de sombra, Porque nos parecemos a las calaveras de Guadalupe Posada, Guijarros, El arte de aprender a despedirse, La extranjera* y *Las pulsaciones de la derrota*. Ha sido traducida parcialmente al inglés, al holandés, al francés, al italiano, al portugués y al serbocroata. Ha obtenido, entre otros, el premio Altazor de poesía, en Chile, 2014, y la Beca Simon Guggenheim de poesía.

La negra melodía

No volveré
hasta mi calle azul,
mi antigua novia,
la negra melodía
que recompone el alma.
Nunca podré
rehacer una sonata
que en su incendio
rescate aquella tarde,
tus piernas y mi asombro.
Estos dibujos
son ya polvo pasado
y tú: la nada,
perdida en un aullido
sobre los pastizales.
Todo se borra
y mentimos cantando
que nuestras huellas
de países y amores
armaban el estío.
He dicho adiós
y aunque cifre el regreso,
no será igual:
otras máscaras pueblan
los minutos y el aire.

¿Qué brújula del diablo?

Cuando se llega por fin a lo soñado,
abatido bajo el polvo de esos mundos,
tiende a abismarse nuestra sed
si no hay misterio.

Volvemos peregrinos de nosotros
transfigurando la vasta lejanía.
El lobo nos protege en la tormenta,
la paloma nos oculta el camino,
el lobo y la paloma trastruecan sus dardos
y en una seña se diluyen.
(Embruja el talismán tanta certeza.)
Muy poco se eterniza,
las costas se oscurecen,
los meses murmuran el designio
que anunciaron los muertos.
¿Qué brújula del diablo nos convoca?

Antes veía los astros

Detrás de nuestros vidrios todos acertamos
la doble faz de las épocas.
Pienso en el destierro dentro del mismo anillo,
la reconciliación que siempre nos visita
cuando ya hemos soterrado la confianza.
Antes veía los astros en las caras vecinas
y aquello que nombré alegría
era una tela que no logró velar su gran miedo.
También yo tuve miedo a la costumbre,
sólo pulsé mi audacia
y murmuré en blanco y negro imágenes de lo perdido.
Jamás aprenderemos que perder
es regresar en la neblina a los orígenes.
Ya arriesgué lo más puro,
no festejo los remordimientos,
no quiero traicionarme frente a tanto infinito,
quizá sea el extranjero que no encuentra su casa.

Agustín Labrada Aguilera [Holguín, Cuba]. Es autor de los poemarios *La soledad se hizo relámpago* (1987, 2013, 2015), *Viajero del asombro* (1991, 1995, 1997) y *La vasta lejanía* (2000, 2005); y de la antología poética de la Generación de los Ochenta en Cuba *Jugando a juegos prohibidos* (1992). Sus poemas aparecen en más de 50 antologías en el mundo; y en los discos *Un lugar para la poesía, Guerra y literatura del siglo XX* y *Los ángeles también cantan*.

Vuelan auras tiñosas por encima de nuestras cabezas

han dejado de ser carnívoras
ahora comen pedruscos que prohíben la entrada
a hombrecillos malditos.
Debemos escondernos
debajo del colchón lleno de picotazos
por pájaros menos crueles
pero igual de violentos
con los que nos distanciamos de la manada.

Alguna vez también bailé en quinces

mientras movía las piernas
pensaba en el americano peludo
con demasiados años
que me esperaba
en su casa de campaña
para juntos espiar a las estrellas.
Sudábamos como luchadores Sumo
The Supremes nuestra banda sonora
y para postre:
leche fría con galletas dulces.
Después de las acrobacias
regresaba al mundo concebido por otros:
a ser el sobrino
el buen estudiante
un niño amable.
La rebeldía que habitaba en mí
hacía estragos
escapaba con extraños:
el gigante rubio que daba nalgadas
un farmacéutico que inyectó champagne
en mis venas

y el cantante de ópera judío
que tuvo la gentileza de ofrecerme un cojín.
Alguna vez yo también bailé quinces
no fue una hazaña
terminó siendo otro castigo.

No tenemos idea del próximo paso

esperamos congelados
como el cadáver embalsamado de Evita
que viaja de ciudad en ciudad.
Nos hemos mordido el labio inferior
soportando el dolor
sin hacer ni una sola pregunta al muerto.
En el andén de esta penúltima estación
con el testimonio que guardamos
en la pequeña maleta azul
serenos
esperamos el desenlace.

Ahora mismo solo puedo ver las pérdidas

recordar su destino
cada vez que se van en sobres amarillos
o cuando vienen desconocidos a la puerta
a recoger trofeos a mitad de precio.
Enfocado en sudorosos billetes
amnésico
de lo que han vivido a mi lado.
Imagino que una gigante hoguera
arde con buena parte de mi pasado.
(De El arte de perder)

Manuel Adrián López [Morón, Cuba]. Poeta y narrador. Tiene publicado los libros: *Yo, el arquero aquel* (2011), *Room at the Top* (2013), *Los poetas nunca pecan demasiado* (Medalla de Oro en los Florida Book Awards, 2013), *El barro se subleva* (2014) y *Temporada para suicidios* (2015) Su poesía aparece en las antologías: *La luna en verso* (2013) y *Todo Parecía. Poesía cubana contemporánea de temas Gay y lésbicos* (2015).

Ecuador

MARIALUZ ALBUJA BAYAS

El miedo me traspasaba con deleite

cuando venía el gato negro a pronunciar todos mis nombres

cuando asechaba tras de mí
para arrancarme.

Cómo volver
si ya los pájaros limpiaron el sendero
y las luciérnagas borraron su reflejo en el paisaje.

Si no ocurriese que la duda me persigue
ya ni siquiera intentaría recordar

pero la niña sin escrúpulos que fui
deja sus huellas en el fango
escupe
llora
se revuelca

mientras aquella
la de los abuelos
viene a buscarme entre las sombras
todavía.

Ven a decir lo que se te antoje

insulta
grita
despierta a todos.
No temas desenmascararme
hace tiempo perdí la reputación.

Quisiera dormir para siempre
mas la curiosidad de escuchar lo que digas
me tiene en pie.
Tu voz me ayuda a cruzar murallas
cuando presiento la cercanía de lo perfecto.

Quisiera asumir la entereza de ser lo que soy
con el descaro de los que llegan a cualquier hora
sin importar hasta dónde
ni cuándo.

Quisiera…

Pero agonizo al saber que en mi mano
estuviste.

No sé si será la sangre galopándome en la espalda

o el latido de la muerte
que no encuentra una salida y se despeña frente a mí.

Cómo quisiera distinguir
pero son tantas las pastillas en mi cuerpo
que no sé.

Si el bisabuelo aún viviera, escondería en su cajón la última pizca
de morfina
—en confidencia de celoso boticario—
"para la nena", pensaría en su sordera taciturna
y las estrellas sobre el domo escaparían al mirar mi levedad.

Mas quién me iba a comprender ese dolor
si en la niñez la vida es algo irrefutable.

La bisabuela en su ataúd bajo la cama
vino a tocar oscuridades compartidas.
Ahora no sé si fue buena idea comprometerme.
El espanto sacude palabras.

Si las dejo de lado
me olvidan.

Semejante orfandad no otra vez.

Ahí va el abuelo entre los manzanos

y el viento queriendo llevárselo.

Su voz acaricia la gruta en que vivo.

«Cuando el gato negro de tus pesadillas
sea prendido de un madero
en algún muro a media noche
te avisarán los buitres».

Y al fin podré salir a desgajarme.

Marialuz Albuja Bayas [Quito, Ecuador]. Poeta, traductora. Poemarios: *Las naranjas y el mar* (1997), *Llevo de la luna un rayo* (1999), *Paisaje de sal* (2004), *La pendiente imposible* (2008), *Detrás de la brisa* (2012), *Cristales Invisibles* (antología personal, 2013), *El último peldaño* (antología personal, 2014). Traducida al inglés, portugués, francés, italiano y euskera. Incluida en numerosas antologías.

Orinar

Orinar es un jalón
de la vejiga,
es la comunión
con el agua, con la sal
con la piel del cielo.
Es la comunión con las alas de un ángel.
Es un acto lento
callado detrás de una puerta.
Como todo acto primigenio,
es secreto no tiene nombre, ni tiene vergüenza.
Orinar es el otro lado:
recordar los zapatos usados por tu padre,
la polvera de tu madre,
el humo del puro de tu padre
el olor a manzanilla de tu madre.
El olor y el aliento son parte de la nostalgia
quién hubiera dicho que la nostalgia tiene olor,
huele mucho la nostalgia.
Ese espacio vacío lento,
callado detrás de una puerta
es nacer.
Orinar es eso, nacer, nazco, es decir
las ráfagas del viento nacen
el cielo orina, los perros orinan.
Orinar es nacer de nuevo
a cada instante.
(De *Barro blasfemo*, 2010)

Espaldas desnudas

Soñar los sueños descalzos,
que caminan el vacío. Soñar
otro sol, otra luna, otro tiempo.
Así el reloj se descontrola
y apaga la luz eléctrica.
Soñar la lluvia y todas las transparencias.
Soñar con semillas escritas por la luna.
Soñar con signos de humo grabados
en espaldas enamoradas sin nombre.
Espaldas desnudas de geografía y rutina.
Soñar el tiempo hecho de piedra.
Soñar la luna adentro. El ágata brilla inmóvil.
Piedra que se desnuda al nacimiento.
Sueños que se desarropan de todo follaje antiguo.
Cuerpos que se despojan de toda ropa.
Se desvanece un parpadeo. Madura un instante.
(*Meditar de sirenas*, 2014)

Ivonne Gordon Carrera Andrade [Quito, Ecuador]. Es poeta, crítica literaria y traductora. Licenciada en literatura y Doctora en Filosofía y Letras con mención en teoría literaria y poesía. Finalista Premio Extraordinario Casa de las Américas. Entre sus publicaciones: *Meditar de sirenas, Barro blasfemo, Manzanilla del Insomnio, Colibríes en el exilio, Nuestrario.* Premio Jorge Carrera Andrade; Finalista Premio Internacional Francisco de Aldana, Su obra consta en diversas antologías publicadas en Estados Unidos, Uzbekistán, y Latinoamérica. Sus poemas han sido traducidos al inglés, polaco y griego.

rendición de cuentas

he doblado mi ropa
el gusto por las zapatillas que bailan solas por el espacio
la compañía del medio día
queda intacta la lluvia sobre la piel
también los rayos que destrozan los relojes
he dejado allí la costumbre de construir las casitas de
las casitas de palabras que ya no habito
he dejado olvidadas unas cartas que escribí cada día desde
el primero hasta el último
y el deseo de volver por ellas
se me ha perdido el cielo
el abrigo nuevo
cuelga al lado de un letrero de «está en venta» que se
mece al compás de otras miradas
(el placer de que sea así respira en el fondo del cajón sin
pulí la música del pensamiento que estrella caracoles
contra mis sienes
(dejé notas para casos de emergencia)
ahora tengo pelo transparente en todo el cuerpo
un jardín que escatima caminos para los pañuelos
no me quedan monedas para el regreso
pero tampoco el dolor de los tobillos
ya va llegando el tren con el invierno
su sonido tapa las voces y la risa y el humo del café
me abandono en esta línea
me dejo en paz en esta estación
sin punto seguido
pero con paréntesis para los destellos de la noche

cicatrices

Quién dijo que la herida
estaba herida
ahora que la tierra se secó.
Carlos Otero

hay algo en ella que sonríe al subir los escalones de la casa
algo que despierta la danza entre los guacamayos
algo en su mirada donde chocan las olas y saltan los peces
algo que se mueve delicado entre sus piernas

hay algo que hace salir a los sapos de entre la maleza
algo que ha dejado huellas allende sus sandalias
algo en el batir vaporoso de su falda
algo en el viento
                que cruza por su cabellera

algo desfigura el paisaje

algo asusta de pronto a los sapos que se esconden
algo empuja a las aves a volar
algo desborda el brillo del océano en sus ojos

algo me inquieta
                si voy detrás

algo en sus hombros
algo justo encima del cinto de su falda
algo que su blusa revela tenue en su espinazo

hay algo en esa mujer que no se justifica

Julia Erazo Delgado [Ecuador]. Poeta, periodista, gestora cultural. Es autora de *Imágenes de viento y de agua*, *Verbal*, *Tu verano en mis alas*, *Tu verano en mis alas* y la antología *Atajos de otra piel* (sobre la obra poética del escritor ecuatoriano Euler Granda, Quito, 2013). Miembro de la Casa de la Cultura Ecuatoriana Benjamín Carrión. Parte de su obra ha sido traducida al francés y al italiano.

Las manos en el fuego

Vi a mi novia poner en remojo sus calzoncitos,
nunca pensó que yo aparecería en ese quehacer,
ruborizada intentó distraerme. Pero remangándome
la camisa me puse a lavar. Las prendas se convirtieron
en mariposas atrapadas bajo la lámpara de mis manos.
Sus aleteos breves y forzados escurrían erotismo
por el fregadero ¿Pensaría en mí al elegir
esos hilos, esos encajes, esas sedas?
Mas, cuando las rescató del agua y las puso al sol diciendo:
Regalo de Toño, de José, este de Juan Manuel...
Cada nombre fue un tajo en la mañana, un rechinar de neumáticos
antes del estruendo. Y yo me fui poniendo pálido, ojeroso,
empequeñeciendo hasta extinguirme.

Cena o escena

Picó la rúcula y la endivia con desgano; echó sobre ellas migas de
almendra y macadamia, vinagre de jerez y aguacate. Al tomar el
lomo de ternera en sus manos, parecía que destajaba el corazón
de su enemiga. Acomodó la mesa, sin brillo ni fragancia, y se
sentó a esperar. Cuando él llegó, cenaron en silencio. El resto se
publicó en el diario de la tarde.

Boca y pensamiento

Mi vecina cuelga sus fotos en la red.
Gata flaca de panza tibia,
relámpago en la memoria,
agua corriendo desnuda colina abajo.
Quien te mira no te tiene y
quien te tiene no te toca ni te mira.

Cuando cruzamos quisiera
acertar ilusión con maravilla.
Pero boca torda, tiesa, tonta, solo dice:
¡Buenos días!

Música de la noche

La lluvia se estrella en el tejado,
corre por los bajantes de agua,
es música pesada
que el cielo no pudo contener;
pienso que debes estar durmiendo
pero yo no lo logro sin ti. Recuerdo cuando
pusimos el tejado para que nos protegiera
de la lluvia y de la noche.
A lado, nuestra hija descansa, también
duerme la gata sobre el sofá amarillo.
Hicimos bien al construir esta casa,
hemos sido felices escuchando
el ruido del mundo y la música de la lluvia
El agua corre con vértigo y se apaga en el jardín.
La escucho en la oscuridad y tu imagen me invade,
como si arremolinaras tu cuerpo buscando
protección en el mío. Nos gusta que llueva
cuando estamos en casa. Regresa para que
escuchemos como la lluvia se estrella en el tejado.

Edwin Madrid [Quito, Ecuador]. Alcanzó el Premio Artes Literarias de Poesía Ministerio de Cultura y Patrimonio 2013, el Premio Casa de América de Poesía Americana 2004, el Premio Escritores Ecuatorianos de los 90, entre otros. Publicó los libros: *Pavo muerto para el amor* (2012), *Mordiendo el frío y otros poemas* (2010) *La búsqueda incesante* (2006), *Lactitud cero°* (2005), *Mordiendo el frío* (2004), *Open Doors* (2000), *Tentación del otro* (1995), *Tambor sagrado y otros poemas* (1995), *Caballos e iguanas* (1993), *Celebriedad* (1992), *Enamorado de un fantasma* (1991), *¡OH! Muerte de pequeños senos de oro* (1987).

Arranco todas las flores de mi cuerpo

para ofrecértelas, Señor.
Allá voy, más desnuda sin las diminutas flores
del torso, más desvestida que nunca
sin las dalias que crecían en la espalda.
Voy saltando las piedras ciegas de la desdicha
y el viento me ayuda a alcanzar la arena.
Señor de las Angustias, todopoderoso mío,
me despojo incluso de la flor pasionaria
y de la corona de heliconias que adorna mi pubis.
Desnudísima, para entregarme a ti,
sin los lirios de la nuca o los girasoles de las nalgas,
pulcra, tal vez insondable isla de misterios
Y no más rosas, ni margaritas, ni violetas
encandiladas en mis senos.
Limpia estoy, vuelta promesa.
Brillante y sola para entregarme a ti
sin las astromelias del sexo,
sin la flor azul del corazón.

¡Señor no me abandones!

en arenas de almas en movimiento.
Guárdame de la locura y de los gusanos de pus.
Mírame, soy la misma de los excesos,
la otra que te mandaba mensajes desde el salitre.
Líbrame de todo mal
y de su amor que llevo con cuchillos entre las piernas,
de mis desbordadas maneras de buscarlo
en la oscuridad profunda del mar,
de las acciones de libertad obsesivas.
Líbrame de mí misma, Señor.

Nada queda ya de la niña que fui
ni rezos, ni incienso,
quizá apenas el mismo brillo en los ojos.
No me abandones todopoderoso mío
ahora que el sexo lo tengo
justo a la altura del corazón
y recorro sabanas de arena
peinada con una corona de espinas verdes.

Ámbar

Enjambre de agua, eterna en su no huella. Duda líquida y abierta al fluir. Profunda inmersión del goce. Arriba o abajo, el lugar de los dos, aunque nada de eso importe ahora que tomamos el baño perfumándonos con esta resina. Entrar en tu cuerpo y encontrar el ámbar, un ejercicio de buceo sin el equipo adecuado. Da igual si estás arriba y yo abajo, o los dos suspendidos en el agua tibia y azulada de la tina pulida. Lisura de mi piel. Relieves en tu cuerpo. Flemas transparentes de un árbol sin nombre. Espuma que torna sinuosos dos cuerpos que no saben de dónde vinieron para encontrarse. Romero y pétalos perfumando el agua ya casi fría del vidrio molido que lo torna todo de un verde que erecta. Norte en tus pulmones y el sur queda debajo de mis axilas. Porcelana y fibra de vidrio, líquenes blancos y algo de aire alcalino que llega desde otra profundidad. Dos cuerpos secan al sol incalculables gotas. Los dos se miran sabiendo del fulgor del ámbar. Teoría y práctica furiosa de un hallazgo sobre la piel que saca humores gélidos del corazón.

Aleyda Quevedo Rojas [Quito, Ecuador]. Poeta, periodista, ensayista literaria, curadora y gestora cultural. Libros publicados: *Cambio en los climas del corazón* (1989), *La actitud del fuego* (1994), *Algunas rosas verdes* (1996), *Espacio vacío* (2001), *Soy mi cuerpo* (2006), *Dos encendidos* (2008), *La otra, la misma de Dios* (2011), *Jardín de dagas* (2016); y las antologías de su poesía: *Música Oscura* (2004), *Amanecer de Fiebre*, (2011) y *El cielo de mi cuerpo* (2014). Premio Nacional de Poesía Jorge Carrera Andrade.

El Salvador

VLADIMIR AMAYA

Los últimos necios

0

Stefany y yo nacimos en el colon irritado del infierno.
No lo supimos hasta que fuimos destrozados en la punta de días oscuros.
Estrujados, asediados,
y la vida era un pequeño país de rostro quemado y de vientos enfermizos.

Y mientras otros nacieron en Nueva York, Madrid,
Buenos Aires, Valparaíso,
          con mesa firme y casa tibia,
nosotros amamos entre moscas, gritos y disparos;
nos quedamos con una herida heredada y por heredar: una guerra interminable.
Pero el amor, ese que nos hace diferentes,
ese amor que nos dice que nacimos en el lugar equivocado,
es tan profundo que una tarde, si tenemos suerte, habrá de ahogarnos en definitiva.

1

Stefany y yo buscamos una razón para vivir felices en el territorio de los desquiciados.
Y guardamos al amor en un mundo donde el amor es para los últimos necios,
porque no deja divisas, ni plata ni oro;
porque el amor es solo una luz tan grande
que después de él no puede quedar ninguno de nosotros.

Stefany pudo haber sido mi hermana, pero no me conoce.
O yo pude haber sido su novio más ingenuo,

pero no la conozco y posiblemente se llama Nayeli o Susana.

Talvez la he encontrado alguna vez en el autobús a la hora del
almuerzo,
quizá me vio esta mañana cruzando el parque y ninguno se dio
cuenta.

Porque mientras otros nacieron en Londres, París, Ginebra, en
casa tibia y con mesa firme,
nosotros vivimos en el colon irritado del infierno
en donde a nadie le importa conocerse ni hablarse.

2

Vivimos en el colon irritado del infierno con palabras que jamás
podrán
                                        ser un estúpido poema,
porque antes de todo es un manojo de muertes y de frustraciones.

Talvez Stefany escriba mañana una carta llena de lágrimas y de
sombras,
y diga mi nombre sin saber que existo,
porque después de todo,
ella y yo necesitamos saber, imaginar, creer,
 que no somos las únicas bestias heridas por la última esperanza;
guardar esa ilusión —muy dada solo a los niños demasiado tris-
tes—,
que no estamos solos en esta región de la amargura.

Vladimir Amaya [San Salvador]. Licenciado en letras, graduado por la Univer-
sidad de El Salvador (UES). Ha publicado los poemarios: *Los ángeles anémicos*
(2010), *Agua inhóspita* (2010), *La ceremonia de estar solo* (2013), *El entierro de todas las
novias* (2013), *Tufo* (2014), *Fin de Hombre* (2016), y *La Princesa de los horcados y otras
creaturas aéreas* (2015). Además de las antologías: *Una madrugada del siglo XXI*
(2010), *Perdidos y delirantes: 36-34 poetas salvadoreños olvidados* (2012), *Segundo índice
antológico de la poesía salvadoreña* (2014) y *Torre de Babel. Antología de poesía joven salva-
doreña de antaño* (2015). Es director de la revista *Cultura* de la Secretaría de Cultura
de El Salvador.

Pobremente he vuelto a vos

Porque la realidad explotó en mi cara cual mar embravecido
       y el tiempo
mascota rabiosa se quedó atrás bramando los recuerdos
yo me siento en esta silla donde soy rey déspota y verdugo
       de mí mismo

Parece ser un oasis de victorias contra la muerte
       pero hay una palabra que no es palabra
sino hielo que se desliza por las comisuras de la esperanza

       Pobremente he vuelto a vos
y qué me das a cambio sino esta procesada carne de hígado
admirablemente puesta a las fauces del sol de un dios furtivo

No me miréis a la cara pues soy el espejo del horror

       Yo
que nunca abandoné mi vida para vivir en playas de tinta
sé que vos permaneces en el fondo del mar de la sangre de la des-
esperanza
pues sos la más real de las maldiciones la más enferma
       agua del desahuciado

Porque el tiempo se interpuso en las esquinas donde yo iba sil-
bando
       y la realidad se quedó atrás
cual perro rabioso ahogado por la sangre del hígado
       yo he vuelto pobremente a vos
           y te insulto
           poesía

Oda a la eternidad

La tristeza del sol es milenaria
Desde su ventana de imágenes incandescentes
mira al hombre dormir
Su capa de oro es una lágrima
que día a día derrama

La tristeza del hombre es eterna
Desde su puerta oxidada por el tiempo
mira al sol salir
esconderse y resucitar
Su mirada lo dice todo
pero no sabe qué es todo
Sus conquistas se parecen al infinito
pero su mirada permanece en el espejo

Los niños salen a jugar bajo el sol
y son felices en su infinita obscenidad

El hombre se refugia en la noche
y derrama sudor de cometas

¡Pobre del sol que no se le está permitido dormir!
¡Pobre del hombre que tiene que despertar!

¡¡Dichosos los que mueren jóvenes
pues tienen
todo el futuro por delante!!

Alfonso Fajardo [EL Salvador]. Tiene publicados los libros *Novísima Antología* (1999), *La danza de los días* (2001), *Los fusibles fosforescentes* (2003), *Negro* (2014) y *Cada quien con su infierno* (2016). Fue seleccionador del *libro Lunáticos, poetas noventeros de la posguerra* que recoge a la generación de poetas jóvenes de los años noventa (2012). Con más de una docena de premios nacionales, tiene el título de "Gran Maestre", rama Poesía, 2000.

Metro

En la estación,
el tren de las nueve menos diez
aparece a tiempo
como todo en la ciudad,
imponente en la distancia,
cotidiano ya de cerca,
contrito al momento de abordarlo.
Se desplaza frío, calculador,
una voz monótona sin cara y sin nombre
predice las próximas paradas.
Cabezas inclinadas sumergidas
en las medias noticias que
ostentan los periódicos, voces
que tropiezan, criaturas inconformes
en coches que bloquean
las entradas , las salidas.
Cual río, un café derramado en el piso
se abre paso entre la gente.
Árboles, techos, cables de luz,
cúpulas, una tienda de disfraces
que se ofrece rebajada en un letrero,
un cementerio a lo lejos amanece
y se estira entre los vivos;
todos se conjugan atónitos
ante un tren que hiere el paisaje,
que parte y penetra la ciudad.

En la batalla

Alguien tiene que morir, dijo aquel amigo, frotándose las manos,
como dispuesto a devorar un platillo suculento. Alguien tiene que

morir, repitió, y no serás tú, insistió con voz solemne y tono grave. Morirá su sonrisa decadente, su abrupta carcajada que violenta mil quebrantos, sus ojos saltones que se jactan de anticipar el camino, la dejadez de sus palabras que solo se pronuncian para coartar la libertad de quien ha bebido su saliva en tiempos más felices, su mirada de buitre que devora el valor del que se arma quien desde entonces lo hizo sentir todopoderoso, su lengua ampulosa y salada que lame las heridas del que aún no se perdona, su dedo acusador que señala y amedrenta al que teme verse aplastado por su juicio, su mundo hambriento de pasos sospechosos. Eso creímos tú y yo, amigo, que nos apresuramos a enterrar cada una de sus letras, los puntos de sus íes, mas no contábamos con que volvería a su infierno al tercer día, que armado con el filo de todas las memorias abriría heridas, las viejas y otras nuevas, que mantendría sitiada la ciudad que construyó en las entrañas de quien le rendiría puertas, entradas y salidas, que vigilaría a punta de gesto absoluto la senda de aquel que todavía no acaba de resolverse. Alguien tiene que morir, le dije a aquel amigo, tomándole la mano, como dispuesta a entregar mi último suspiro.

Juana M. Ramos [Santa Ana, El Salvador]. Reside en Nueva York, profesora de español y literatura en *York College New York* (CUNY). Libros: *Multiplicada en mí. Palabras al borde de mis labios.* Coautora del libro *Tomamos la palabra: mujeres en la guerra civil de El Salvador (1980-1992.* Ha participado en importantes de festivales, lecturas y de antologías.

Guatemala

PEDRO CHAVAJAY GARCÍA

Mesoamérica

Con mis pasos
Con mis viajes
Con mis palabras que los he mantenido sagrados
Contaré las costillas de esta Mesoamérica
Me vuelve un lagarto
Sobre su piel los migrantes lo bendicen
Los coyotes lo profanan en nombre del dios blanco
Los ríos cruzando poblaciones
Abriendo caminos sin importar los estatutos
Las prohibiciones
Los dogmas que truncan los cielos
A lo que hemos acaecido.

Contaré las costillas de esta Mesoamérica del Paxil
Recorriendo sus pueblitos
Sus gentes
Nos vemos por vez primera y nos reconocemos
Vengo con mí águila de doble cabeza
Disecciones lo que nos he podredumbre

Mesoamérica perforado por los coyotes
Te siguen saqueando nuestra historia

Nuestra historia calada sobre piedras
Se nos revela
Lo sentimos en las venas.

Con olor a incienso
Agita nuestros corazones
Hoy nuestro pedernal emana de la energía
De los montículos

Sabemos que en estos cielos nos pertenecen.

Frente a la vida

Sentarse frente a la vida
Reflejar los pensamientos
Nuestras palabras se elevan
Como fragmentos de humo inclinarse
Ante las visones de lo que no somos.

Frente a la vida desgastar su perfume
Ante todo
Ordenar las nubes
Nos traen imágenes de otros firmamentos
Todo acontecía en nuestro cuerpo.

Sentires de cada cosa

Si pongo mis oídos sobre la hierba
Obtengo la voz de las flores extenderse en los campos

Siento el calor de las piedras

El zumbido de los insectos
Me traen el lenguaje de las cosas

Cada objeto
Cerca o lejos están sus corazones
Sincronizan sus sentires sobre la tierra

Si toco el corazón de la tierra
Me darán el secreto de cada cosa
Oculto en sus lenguajes.

Pedro Chavajay García [San Pedro La Laguna, Guatemala]. Poeta, campesino, artista plástico, egresado de la Escuela Nacional de Artes Plásticas, Rafael Rodríguez Padilla, ENAP. Libros *Mar Invisible* (2007) *Sin Mañana* (2012), *El tiempo termina en los sueños* (2014). 2012 Primer Premio Rama Poesía Oxlajuj B'aqtun, Waqib' Keej, Guatemala, en conmemoración del Fin de Ciclo,13 BAQ'TUN.

retrato con madona, santos y granero encontrás

cámara en mano, abrazás la sal del universo la reproducís, la rees-
cribís, deconstruís el sonido del agua cuando un cuerpo desespera
ñandús corren por tundra asombrosa destrucción de pechos, pre-
sencias fijas, preguntas cosas obvias, lugar exacto, sentido, palabra
limpia en brizna de paja, exaltada, una voz pregunta por qué un
ñandú correría por tundra si apenas sé qué es tundra, si apenas, he
imaginado ñandú, apenas su imagen incompleta, su rasgo de pla-
ga, ese retrato que rompe este poema, la pequeña hermenéutica
de la plenitud difícil de los besos, de las fotografías en la pared de
tu cuarto, tus recuerdos plenos de resonancias muertas, qué qué
significa ser pleno si hay que romperlo todo, qué significa el ver-
dor tras puerta y nube de cigarrillos a dos centímetros del techo
dibujando un cuerpo, secando piel que suda sombra del nosfera-
tu, jóvenes británicos pub fantasma del Yorkshire, arrabal maldito
posibilidad monstruosa, asomada en el frontispicio de un cine que
abandonamos a fantasmas que nunca vieron estos pueblos, den-
tro del vientre de una batalla contra imagen hundida en sofás ba-
ratos, tv tecnicolor, de lado a la herencia la miseria de pariente
extranjero cuya calavera asoma por el cierre de los pantalones
mientras el agua golpea tus recuerdos, dispersos, el tiempo atípico
el leve simulacro de traducción que suena en las palabras que es-
cribo para ti, animal intraducible cuando en O *brother where art thou*
brilla arrodillado ese mismo muchacho, dentro de la canción de
tres sepultureros negros cavando lluvia muy lejos lejos del lugar en
que le encontrás, redundante, innecesario bar alegre y oscura pie-
dad, insolación adolescente irritable le tirás lazo, llamada telefóni-
ca, pantalla plasma a él que no es valiente, que no es bravo, que
jamás amasa coraje para emborracharse y perder el control que
queda de la vida; maceta al océano o hipopótamo que habla de
amor cara a un ataúd ya no sé, la vida, ya no sé dónde alzar el niño
mugriento que a las dos de la tarde despierta un domingo y piensa

en el fondo ofendido de esta ciudad, en esta marcha que exhibe el espectro imantado de mi cabello agua, cabello luz, cabello placidez municipal factura incendiaria que baila como el mar como una tabla de felicidad en un pueblo que no habla bien de la felicidad

a game of you

telegrama de lo muerto, Martín Reyes, pescador, sueña el mar, el vientre de la mujer de su vida, se pudre imagina esa extensión inmensurable, esa candencia de olas, ese perfume imperfecto palabras agitadas en la oscuridad vertiginosa peces saltan rabiosos, alcanzan aviones de guerra lo ves e imaginás que ahora que ahora mismo, Martín empieza a llover y llover, imaginás, no hay lengua no hay simulación, no hay recuerdo completo que salve al hombre de morir, de morir mi padre en día sin cielo, foto de revista de arte, secuencia de cine día sincrético, ebrio de orina de barcas hundidas astillas, saliva radiante, de productos sacrílegos, ebrio del espíritu muerto de sus padres, jamás mis padres jamás lengua mía ensartada al miedo
mar abdomen abierto, mirá la sangre y nadie necesita imaginar la sangre, nadie necesita referencia fluye blanquísima sobre la tormenta y a veces cuando luz de Venus en The American *Astronaut* ilumina mis flores, blancas, terciopelo y patio tras la casa telegrama de lo muerto, Martín pescador sueña que aquellas plantas crecen en un vientre mar vientre de la mujer de su vida y nada más
(De *A Game of You* 1993).

Wingston González. [Livingston Guatemala] Textos publicados: *Los magos del crepúsculo [y blues otra vez]* (2005), *Cafeína: segunda parte, la fiesta y sus habitantes* (2010), *Cafeína: primera parte, la anunciación de la fiesta* (2011), *san juan - la esperanza* (2013), *Miss muñecas vudú* (2013), *Espuma sobre las piedras* (2014), *traslaciones* (Premio mesoamericano de poesía Luis Cardoza y Aragón, 2015); 2015) y *¡Hola Gravedad!* (2016).

lo que resta de la noche
me cabe en una mano.

Con su última estrella
alumbraré el final
de este poema
y luego arrojaré
el resto a los perros.

Escribir será el único
sacrificio de mi vida.

Como una magia
me desvaneceré
con la llegada
de la mañana
y las letras
saldrán por la lumbrera,
se colgarán en los árboles,
o caerán en los charcos de agua
y crearán su propia memoria.

Amanece,
y la última palabra
de esta comedia humana
queda resonando
por un momento
en el eco del reloj cucú
anunciando la primera hora.

Aquella es la forma

más genuina
de mi cadáver.
(De *La forma de las cosas*)

Zumbidos

Al final de todo nos olvidaremos los ojos
entre los poros de las casas, entre los lomos
de los libros, entre el labio mayor del poema.

Porque eso somos, una memoria
de la humedad que se estremeció por estas paredes,
de algo que fuimos nosotros alimentó su morbo
cerca de las moscas, cerca de los muebles,
la sala, el comedor, incluso de la soledad, incluso
de los días.

Somos el aire que desgarró el canto nocturno
del chucho, que despertó el olvido de los mosquitos
junto con el zumbido que por momentos creo
                              que es parte del silencio.

Somos el silencio que se desprende de la humedad,
un recuerdo, una señal, una memoria, un retrato
que canta que alguna vez me condujiste con tu mano.
(De *Ciertas formas de existencia*)

(Sin nombre)

El pasado es mejor, dicen,
donde alguna vez Eva se desnudó ante
la infinita mirada del pecado.
Este paso es lento y devora nuestros huesos
el sereno cae, como cae nuestra ausencia.
(De *Cosas escritas sobre las banquetas*).

José Juan Guzmán García [Quetzaltenango, Guatemala]. Es comunicólogo profesional, escritor, periodista y estudiante de psicología. Ganador de certámenes de literatura a nivel nacional entre ellos Juegos Florales Werner Ovalle López, Salcajá 2016. Autor del libro *La escena absoluta* (2012).

Mi país

Mi traje
no tiene color
tiene muchos

Mi lengua
no es muda
tiene todas las palabras.

Mi carne
no solo es el pensamiento
es todo lo que ven
y se reconoce como persona

Mi país
no solo tiene un rostro
tiene las caras
de todos los que habitamos
en él.

Aves

Las aves
no ven fronteras

Las aves
no le niegan su canto
a la mañana
aunque llueva
aunque esté soleado

Nunca he oído

decir a un ave:
Hoy no cantaré aquí
porque es otra tierra

Las aves simplemente cantan

en donde sea

las aves ven al mundo
con ojos de poeta.

Espejo

Un día
al lavarnos la cara
lo descubrimos

No somos guatemaltecos
no somos costarricenses
no somos nicaragüenses
no somos hondureños
no somos beliceños
no somos panameños
no somos salvadoreños

No somos gordos
no somos flacos
no somos morenos
no somos blancos
no somos altos
no somos bajos

Somos humanos.

Wilson Loayes [San Juan Ostuncalco, Quetzaltenango Guatemala]. Poeta y escritor Maya Mam. Ha publicado *Panteón de girasoles* (2011), *Poemas muertos, caretas* (2013) y en la antología *Palabras para colgar en los árboles* (2013). Su libro *Como nos los dejaron los abuelos* (2014) ganó el primer premio del Certamen centroamericano de poesía «Aquí estamos todos». Fundador del Club de Poesía Ostuncalco (2011).

Don´t want no short dick man. Gillette

Ay
los machitos de mi pueblo
tan hombrecitos
tan cabroncitos
tan inquisidores
tan short
tan short dick
tan short dick man
tanto
que se pierden en la palma de mi mano
o en el cielo alucinante de mi amplia boca.
Saqueada de mí
me limito a triturar
sus dominantes falos
entre las mandíbulas
de mi hueso sacro.
Al final de la batalla
entiendo
que no soy uno de ellos.

***

Siempre reaparecés
a veces en forma de poema o de incienso
a veces como el cadejo
que se pasea enfrente de mi casa
reaparecés en el canto de los zanates
o en los rostros de los güiros tristes
reaparecés entre las marcas de saliva
que dibujo en otros cuerpos
o en las canciones de Sade.
Reaparecés como un nudo en la garganta

o entre un suspiro que libera la presión del pecho
reaparecés entre el olor a musgo y pino
que adorna el camino a los altares.
Siempre reaparecés como el huésped silencioso
que aún me habita.

EL duelo

Me despido porque quisiste,
o porque no quisiste.
Yo elegí seguir,
no sé si tú elegiste.
De espaldas al duelo demos tres pasos al frente,
apuntemos las armas
y acabemos con esto que ya apesta a muerte.

***

Luna, no me abandones más, que tiendo a recuperarme en la cuna
de tus cráteres. Zoé.
Sudar las penas
vaciar el alma
soñar poemas
despertar riendo
despertar llorando
cantar plegaria
cantar retiro
caminar el cuerpo
sofocar el aire
aguantar el latido.
Madrugar el día
madrugar la noche
mudar la vida
soñar el viaje
y acomodar las cosas en la Luna.

Evelyn Yazmín Macario Pérez [Guatemala]. Ha publicado *Híbrida* (2012), sus poemas están incluidos en las antologías *La escritura de poetas mayas contemporáneas producida desde excéntricos espacios identitarios* (2015) y en la Antología de la poesía guatemalteca del siglo XX (2016).

Sentidos finales

Nada se parece a este medio día invasor.
Se aburren los ojos de tanto ver los carriles de las autopistas.
De alguna manera tienen que irse. Antes de desesperar, se restan
con el contacto del aire.
Aburre no transitar. Y es una locura quieta la que amarga.

Gente que escribe carteles publicitarios en las carreteras. Que se
dedica a suscribir sus acciones. Que se radicaliza en sus dedicatorias.

La gente se ahoga. Los carteles han sido tachados. Sus carreteras
desviadas.

Por encima de este cuadro, el cielo descansa apagado y apacible.
Este cuadro es una película y todo dentro de la pantalla es una
pena.
El recuerdo de un ataque aéreo o de una bocina que revienta los
cristales.
La sala oscura abrió las puertas hacia la vida.

Algo tétrico tiene que existir detrás del que quita los libros de la
mano y se pone a imaginar al espectador que se estremece en la
sala oscura como un perfecto desconocido.

El arte es reescritura.
Mojamos la alfombra.
Meditamos y matamos.
Nada impide que pueda copiar una línea perfecta.

La reescritura es una venganza.

El escritor está en el árbol. Su cuerpo cuelga de una cuerda.

El objeto de narrar es suicidarse con todo gusto en el escenario
íntimo del lector.
Quien cierra las tapas sobrevive a un crimen y a un suicidio. El
lector es un testigo privilegiado.

No queda más pudor. Mostrar y ser leído es arrancar las cortinas.
Duele ser visto.

El tiempo se va en soluciones difíciles; los bostezos confusos son
esperanza.

Cabe la noche. No entra. Abre la noche. No cabe la luz.

Dejo de lado cosas.
Moral. Agonía cubierta.

La forma del mar. Cierra.
Cortina abajo.
El silencio del páramo en la carretera es un espejo cayendo al cielo.

Tu carne.
Ciudad.

Vestigio de los ladridos.
Que tengan larga noche los perros.

Que venga la vida por los perdidos.

Puedo dejar de reconocer la palabra que tengo enfrente. En particular no significa nada que no sea durar en lo dolido.

Hora sílaba. Hora párrafo.
Todo tiempo es una cita.
Cada rostro es un enunciado.
Al final el punto y siempre la muerte.

La muerte es una hoja en blanco.

Javier Payeras [Guatemala]. Narrador, poeta y ensayista. Ha publicado: *Fondo para disco de John Zorn* (2013), *Imágenes para un View-Master* (2013), *Déjate caer* (2012), *Limbo* (2011), *La resignación y la asfixia* (2011), *Post-its de luz sucia* (2009), *Días Amarillos* (2009) *Lecturas menores* (2007), *Afuera* (2006), *Ruido de fondo* (2003), *Soledadbrother* (2003), *Raktas* (2001) *(…) y Once Relatos Breves* (2000) y la antología *Micrófe: poesía guatemalteca contemporánea* (2012). Actualmente escribe para *Revista de la Universidad de San Carlos* y en la columna de opinión "El Intruso" en el diario *Siglo 21* en Guatemala.

Haití

MARCKENSON JEAN-BATISTE

Uni-versos de mis Ojos

Mi silencio sofoca
a los ojos que necesitan palabras para respirar
y mis palabras desnudan
aquellos que necesitan el silencio para cubrirse

Acabo de ver las olas
en tus ojos...
salto, nado y me ahogo.

Acabo de ver el sol sangrado hasta su último brillo,
¿ y cómo llega este cuchillo a meterse en la carne de Dios?

Cuando no veo labios en ningún callejón,
me acuesto al suelo y beso al polvo

El sueño de esta noche tiene tanto azúcar
 las hormigas crean nido en mis ojos.

La tierra sigue soplando

Vencedor sin luchar.
No estaba equipado para la guerra.
¿Por qué estoy vivo
si en el cielo la tierra come
la carne de las estrellas
dejando los huesos al mar
y el sol envidioso absorbe la sangre?

Ciertos culpan a Dios
otros, al demonio
No somos espejo
para ver la maldita mano.

102 | María Farazdel [Palitachi]

Sólo digo: «gracias a Dios
por nacer mis alientos».
Tengo cero meses
no sé si viviré cien años
para contar mí larga cola
esta brisa histórica de treinta y cinco segundos
que sopla y hace brotar un viento de doscientos seis años

Hazme el favor, Amnesia,
hazme brotar el sueño,
quítame el cerebro.
El planeta está de vacaciones en mi mente
…todavía sigue soplando

Los árboles sin raíces no bailan aquella danza.
El mar anuncia su subida:
¡Huye!
     ¡Huye!
     ¡Huye!
(De *Sobresaturado*)

Marckenson Jean-Baptiste [Belladère, Haití]. Poeta, periodista, traductor, emprendedor   ingeniero industrial. Ha publicado varios artículos de utilidad pública, en el diario *Le Nouvelliste*, y ganado una Mención Especial en el Premio Mundial de Poesía 2014 en Italia, con el poema "Uni-verso de mis ojos". Sus publicaciones son las colecciones de poemas: *Orgasmo de mi voz* (2013) y *Sobresaturado* (2014). Es autor del proyecto "—H2O" (Menos agua), finalista del Premio ODEBRECHT para el desarrollo sostenible, R.D. 2011.

Olor

El secreto de la esperanza
La vanidad del pensante
La ocurrencia negada
El reverso de la medalla

Olor de rosas
Olor de sangre
Olor, olor de Jazmín
Olor putrefacto
Los sentidos nos están fallando
Yo soy la edad, el recuerdo
Te agarro con firmeza
Te robe la belleza,
Y tu vida no es más que historia
No te asustes,
Solo es el inicio de tu debilidad
Tiempo, vivencia, acontecimiento, recuerdos
Retazos, patrañas, engaños. De que nos Sirvieron los recuerdos
¿Para qué el castigo?

Perra vida

Han colocado mi vida
A sus gustos y sus alienados deseos
Una música desentonada
Refuerza la leyenda de esos perros
Perversos e arrogantes
Un cordero con piel de tigre
Proyección de una mujer encinta
Viva, atormentada

Un espejo quebrado en miles trozos
Perra vida, perra vida
Una vida que no debí vivir

Mejor que

Párate, stop, párate, stop
Mejor sería que te marchas
Espérate, no te vayas,
Por favor quédese.
Maldición, maldición,
Me canse de suplicarte para que te quedes
Harto, de obligarte a detener
Ya me aburre te presencia

Mejor que te vayas
Que te retiras con todos tus recuerdos amargos
Mejor que te vas, será mucho mejor.
Rompí con la realidad
Me adapte a tu estilo
Tus momentos indigestos Muchas veces,
He intentado vomitar esa obsesión

Famosas dichas que se dicen
Que se dedican a limitarnos
Mejor que me mientas.

Berthony Jean Richelieu Lanot [Haití] Actor, director, poeta, coreó-
grafo y performero. Licenciado en teatro mención dirección de la Univer-
sidad Autónoma de Santo Domingo. Fue muy destacada su participación
en la última obra binacional SON DE LA ISLA con el Teatro Rodante
Dominicano, representó a Haití en el primer simposio iberoamericano
sobre la pedagogía teatral, organizado por la (ENAD). Actualmente preside
a Layite Dans y la asociación de bailarines en la Ciudad de Juana Méndez,
miembro de la NAPSA.

La república de la caña de azúcar

La república de la caña de azúcar
abre sus brazos para darle a ustedes
la bienvenida
ustedes entran
como una estrella que tiene sed de otros horizontes.

La vida en los bateyes llora,
como un recién nacido,
entre las manos áridas de los inaudito
y el sufrimiento es su fiel compañera.

¡Cantan para ellos como mueren sus corazones
en la fuente sucia de su paz!

Ustedes oran con tanta fuerza que desnudan la nada,
y la nada desnuda sobre sus cuerpos.
No hace nada que despelleje su herida secular
y huya con sus corazones en el techo del olvido.

El mal está bien digerido en la pansa vacía del bien.

Su alba en la intimidad del mañana
está fuera de la órbita del horizonte:
ellos la destrozaron,
los hijos de la riqueza cuyos cordones umbilicales
fueron cortados por las hojas afiladas
de la caña de azúcar.

El cielo bendice la miseria
y su pan
está maldecido en el horno de lo cotidiano.

Genocidio lomático

Loma cuenta sus gritos lentamente
hasta hacerse ciclón
y desangrarse los pies
fraternalmente
Loma que late desesperadamente en los bolsillos
del infierno
salvajemente humana

entre los pasos de las sombras
la luz cotidiana tragada
por el abismo
monstruoso machacado

se fuma la Loma al aire libre neoliberalista
y cada árbol que lleva el destino de la tierra
tiene un sabor amargo en la boca de los traficantes de muerte
ecológica

la sangre de la Madre-Loma
se destapa en las fiestas de salón de los lomafóbicos
... ¡y los ultranacionalistas orgullosamente se emborrachan!

Claude Sainnécharles [Puerto Príncipe, Haití]. Poeta, cuentista, traductor y declamador. Ha sido ganador de importantes premios internacionales, entre los que sobresalen *Coup de cœur* en el concurso Kalbas lò Lakarayib (KL2, Martinica, 2013) y el segundo lugar en el Mainichi Haiku Contest en Japón. Revista del club literario, La Petite Ecole, en Santiago de los Caballeros R.D. Es miembro del taller literario Atelier Marcel Gilbert y miembro fundador de la Sociedad de los Poetas Creolofonos.

Honduras

SOLEDAD ALTAMIRANO MURILLO

Amaneceres

Traigo conmigo el amanecer
de la mujer campesina,
 que con el canto de los gallos;
despacha a su marido
a labrar la tierra:
traigo conmigo el amanecer
 de la obrera
a la que le miden el tiempo
para comer, para hablar, para ser libre.
Traigo conmigo el amanecer
de la prostituta
que se acuesta
cuando las otras, las otras mujeres
nos levantamos.
Traigo conmigo el amanecer
de la niña-mujer abusada
que tiene el grito ahogado
entre el corazón y la palabra
que la desgarra por siempre
el cruel recuerdo huérfano de olvido.
Traigo conmigo el amanecer
de la mujer de mi pueblo,
la que lucha aún viviendo en la rutina,
la que no tiene opción de opinar, ni decidir,
la que trabaja para mantener un marido,
la que enfrenta la vida sola,
la que demuestra al Mundo
que no necesita un hombre para pintar la vida,
la que trabaja y estudia,
la que se manda flores y se sorprende al recibirlas,
la que es madre, hija, hermana, prima, amiga
de todas ellas.
Llevo el amanecer conmigo.

Recuerdo

Estoy
en la puerta de la primavera,
tu recuerdo
atraviesa mi ser
con un dolor profundo;
que duele su recorrido
siento que rompe mis venas,
mis entrañas se deshacen,
mis huesos se quiebran,
mi piel se separa de los músculos
y muero, muero, muero
en la eternidad de un segundo.

Sueño

El despertar proporciona a los sueños,
una reputación que no se merecen
Paul Valery

He palpado
 tu cuerpo desnudo
en la soledad
de mis sueños.
He sentido tus manos
tocando el mío
y he sido tuya
muchas veces.
Al despertar
solo eres ése
que se desmorona
en la realidad del alba.

Soledad Altamirano Murillo [Honduras]. Cuenta con una Maestría en Literatura Centroamericana. Publicó *Cronología de una Ausencia.* Ha sido incluida en: *Antología Poetas del Mundo* (2005), *Al filo del deseo* (antología de poesía erótica, 2009). Actualmente es docente de la Universidad Pedagógica Nacional Francisco Morazán.

A un costado del río

Era el milenario espectro navegando
como una serpiente en el espeso manto.
Era el indomable ser que se afianzaba
a una ciudad de heridas y a su arduo camino.
Era el cielo reflejando sus astros
y el influjo trasnochado de la lluvia
recobrando su vertiente catastrófica.
Eras tú,
era yo (¿era yo?),
era la totalidad esparciéndose
en su dominio de ternura.
Era la tumba y la manzana predilecta,
la cuna de los peces transitados y extraviados.
Era la infancia recordada,
el despertar de una cordillera misteriosa.
Era un río en su portal,
lúcido, pletórico, indiferente,
que sonaba adentro de un estrecho mar,
era el olvido
bañándose tantas veces en su espectro.

Nadie termina su canción

ni vive lento para hacer del mal una criatura mitológica.
Nadie vuelve a conspirar
con el salvaje grito de su sombra
ni se derrumba como una torre antigua
de intuitivas preguntas.
Nadie acorta el grito
ni su máquina de tiempo
que persiste como una herida para andar su soledad.
Nadie intenta el amor

ni sus abismos o esos lánguidos murmullos
por borrar tropiezos y diagramas.
Busco un camino,
algo que acorte el alarido de batallas anteriores.
Busco el espacio donde aguardan
los hijos infinitos de la muerte
e intento no caer de nuevo en ese vicio de creer,
de acostumbrarme,
de llorar,
de morir.

En el exilio de la noche

el hombre cumple su condena
y avanza impune a su destino,
el átomo que obliga a soslayar su bestia adormecida.
Atrás queda la teoría del revólver
y la especie olvidada,
queda la única noción empecinándose,
el aquelarre sideral en la memoria.

Murvin Andino Jiménez [San Pedro Sula, Honduras]. Poeta, narrador, editor, investigador literario, licenciado en Letras con orientación en Literatura por la Universidad Nacional Autónoma de Honduras en el Valle de Sula. Ha publicado los libros de poesía *Corral de locos* (2009), *Extranjero* (2011), *La isla dividida* (2015) y *La estación tardía* (2014). Es catedrático de humanidades de la Universidad Nacional Autónoma de Honduras. Parte de su obra poética y narrativa ha sido publicada en revistas literarias de Honduras, México, Nicaragua, Colombia y Brasil.

DENNIS ÁVILA

El niño entre las olas

El mar apareció cuando acabó la carretera:
una playa escondida llamada Punta Ratón.

Arena negra, viento asfixiado de sal.

Rompíamos las olas como orugas necias
con las manos llagadas por el agua.

Nos gustaba aquel lugar
que parecía el fin del mundo:
las tardes eran largas
y el sol se perdía
en nuestra ropa abandonada.

Con el tiempo conocimos otros mares
más azules, más ajenos,
pero este era de bronce
y daba todo por ahogarnos.

Se llama Océano Pacífico
ese mar que comenzó en el sur.

Su recuerdo
insiste
en cegar nuestros ojos.

El otro

El Borges de Cambridge
encuentra al Borges de Ginebra.

Ambos son cometas

que comparten la mirada frente a un río.

Uno es viejo y cuenta la historia
como si fuera real;
el otro es joven y responde
como si fuera un sueño.

El Borges de Cambridge argumenta cosas
que el muchacho cuestiona;
al final le confiesa que un día quedará ciego
gradualmente
como un lento atardecer de verano.

El joven se despide sin tocar el rostro
que él tendrá en cincuenta años.

Solo él sabe que volverá a Cambridge
cada mañana de su vida,
para exigir al río que devuelva sus ojos
en la tinta que corre, eterna,
sobre el agua.

Dennis Ávila [Tegucigalpa, Honduras]. Libros: *La calada* (2000), *Algunos conceptos para entender la ternura* (2005), *Quizás de los jamases* (2008), *Geometría elemental* (Antología Poética, 2014) y *La infancia es una película de culto* (2016). Su poesía se encuentra seleccionada en diferentes antologías latinoamericanas y ha sido traducida al portugués, inglés e italiano. Dirige el proyecto artístico El Lobo Estepario-Teatro Mágico; además, se desempeña como Director Adjunto del Festival Internacional de Poesía de Costa Rica.

Vos desnuda

Vos desnuda sos como la tierra
la que me cambia el termostato
incita a la aventura
y renueva las cláusulas del contrato.
Sos esos dos volcanes en la cordillera
donde convergen copos de nube
y sueñan jugar con antojo desmedido
las fuerzas menguadas de mi cadera.
Vos desnuda amor mío
sos esa canción de cuna
que arrulla con calma.
Sos el cauce pequeño
por donde se van mis corrientes paganas
la alfombra verde
el valle eterno
donde quiero inquietar mis ganas.
Sos el antojo
el deseo
la locura
la embriagues
el trago loco y sin sustento
en donde quiero acabar contento…
Vos desnuda sos vos
y yo queriendo ser en vos

Lo más parecido a la pasión

(lo complejo de esto)
El asunto complejo de esto
es que muero por desafiar la gravedad
colgado de tus pechos…
Y beberme el mundo

como si fuera vida
y la vida como si fuera la muerte.
Sin rodeos
sin miedos
sólo mi boca en vos
y vos desarmándote
desgarrada en el deseo
entre las hileras de dientes
que someten la cordura.
Es así de complejo
ya no me bastan los pixeles
ni las redes virtuales…
Se entumecen mis ganas
cuando te pienso y abundas…
Quiero tocarte y restas
sos la presencia y no tienes materia
la cruz en el Calvario
y no atiendes mis plegarias
sos el antojo que despierta mi arteria
la sensación de muerte cuando te exilias
y lo divino del resucitado si regresas.
como el Gólgotha con sus tres cruces
vos perfecta en el centro
y mis ambiciones carnales
acosando tu costado.

Héctor Efrén Flores A (Chaco de la Pitoreta) [Olancho, Honduras]. Abogado, poeta y gestor cultural. Publicó *Versos para leer desde las Trincheras* (2012), *Fe y Alegría: Entre Las y Los Tolupanes* (2013), *De la Opción a la Acción* (2012), *universo* (2014). **1976** (2016), Fue publicado en la *revista ombligo* con poemas *Sin tiempo ni Distancia* (2015. Antologado en *Todos los Caminos* (2014), *Al final del Asfalto* (2015), *Palestina Poemas* (2015). Coautor de la investigación *Maras y Pandillas en Centro América* (2005), *Derecho Penal y Sistema Penitenciario en Honduras* (2003).

México

CHARY GUMETA

Desconocida

Llueve
Y su rostro recibe el llanto del cielo.

Sus ojos miran fijamente hacia el sur
Buscando una señal
Un regreso.

Semidesnuda
Permanece inerte en aquel lodazal.

Su cuerpo
Cubierto con señales de violencia
Muestran unas piernas blancas
Con gélida belleza;
Sus manos delgadas como alas de mariposa
El color de las violetas.

En aquella soledad
Solo se escucha el murmullo del día en el día
Y el de la noche en la noche.

¿Cómo se llama?

No tiene nombre,
Se pierde entre todos aquellos archivos
Que cuentan historias de desaparecidas.

Voy al norte

Es otoño,

De mi cuerpo caen hojas
Y de mis ojos lluvia.

Yo amo en mis ojos
Esa imagen tuya que se perfila en el horizonte
Te miro con hambre
Con mendicidad
Con la esperanza
Que solo tenemos los pobres de conservar algo nuestro.

Mientras me alejo
Me voy más sin nadie
Junto a mi soledad
Tiritando de frio el alma
Y recogiendo el silencio.

Voy al norte con el viento en las manos
Meciéndolo como un niño en su cuna
Que no quiere dormir por la ausencia de mamá;
Esta noche lo acurrucare
Junto al cansancio de las horas
Y dormiremos juntos
Cubiertos por las sombras.

Chary Gumeta (María del Rosario Velázquez Gumeta) [Chiapas, México]. Ha publicado varios libros de poesía y de investigación histórica regional. *...y los muertos marcela?*, *Joaquín Miguel Gutiérrez Canales: síntesis biográfica*, ITAC-CONACULTA *Poemas muy violetas* y *Veneno para la ausencia*. Su poesía ha sido seleccionada en antologías de México, Guatemala, Honduras, Costa Rica, Perú, Estados Unidos y España. Actualmente es coordinadora del Festival Internacional de Poesía Contemporánea SCLC y del Festival Internacional Multidisciplinario Proyecto Posh.

Victoria del amor

[Yo] que me niego a reconocer los hechos...
Rafael Cadenas, *Derrota*

Yo
que me enamoro de mujeres inauditas
que comprendo más que nadie a los que lloran en los aeropuertos
que he visto ya todos los rostros del amor   cuando se marcha
que he dicho «para siempre» y he soltado sus manos
que todavía sostengo que el amor existe
que he sido amado, odiado y olvidado por la mujer más justa
que me rio de mí
que soy el «pasará», «no es mi intención», «todo es mi culpa»
que aún creo en la esperanza
que lucho por tener una sonrisa presentable
que a veces compadezco a quien espera algo de mí
que no merezco nada
que escribo de vergüenza
que llego a mis poemas como quien se cae
me levantaré del polvo para decir tu nombre
y sonreír con expresión de enfermo, todavía.

Del placer

[…] la palabra placer abarca realidades contradictorias,
comporta a la vez las nociones de tibieza, dulzura, intimidad
de los cuerpos, y las de violencia, agonía y grito.
Margarite Yourcenar

Como el sonido a la cuerda,
tensa el placer la mano
de quien sostiene un filo.

Tensa el placer la mano

del que asfixia:

abre el placer la boca.

Abre el placer la boca,
dice nombres, dice
misas negras:

abre el placer los ojos
que miran un cadáver

abre el placer los ojos

y nos mira, oscuras bestias,
abandonándonos a todo
lo que abre.

Manuel Iris [México]. Premio Nacional de Poesía Mérida (2009) por su libro *Cuaderno de los sueños*, Premio Regional de Poesía Rudolfo Figueroa, por su libro *Los disfraces del fuego*. Es igualmente coautor, junto con el poeta brasileño Floriano Martins, *de Overnight Medley* (2014), y compilador de *En la orilla del silencio, ensayos sobre Alí Chumacero* (2012). Recientemente fueron publicadas dos antologías personales de su obra: *La luz desnuda*, en Venezuela y *Frente al misterio*, en El Salvador. Es doctor en lenguas romances por la Universidad de Cincinnati, OH, ciudad en la que radica.

Lucila

¡Qué va a tener razón de ser ahora
para mis ojos en la tierra pálida!
¡ni las rosas sangrientas
ni las nieves calladas!
Gabriela Mistral

qué miserable decepción de ser poeta
en medio de la tierra pálida
habitada por desiertos bastardos
hija de una patria mansa
que al paso deja humeante una silueta de lágrima

qué lamentable bajeza
ser poeta dúctil
repleto de silencios y versos viciados
exprés y para llevar
circular los días
deambular los foros vacuos
los discursos yermos
para alcanzar la fama y consagrarse con los señores

en tanto que alguien desnudo lleva una cruz a cuestas
-una-culpa-encima-
y bañado en su sangre espera la consagración con el señor

que vicio este de ser poeta
y frente al público
-ridículamente-
ondear los puños entrelazados:

          mientras en algún camino remoto
retumba la eterna y tenue

carcajada de la poesía

ofenderán acaso estos sueños

Yo estoy aquí como la hormiga, como el arado,
porque no soy nadie y estoy de boca al suelo,
besando todo lo que pasa
José Revueltas

mis sueños
que son colmena y enjambre de zumbidos
colonia de susurros
acompasados por un débil laúd
        ¿y mis nocturnos sobresaltos acaso les molesten?
porque he soñado el nido de serpientes blancas
dulcemente venenosas
privilegio de una muerte consentida
yaga de la huella de mi propio arado en mi piel
verdad que allana con vehemencia

la *santa agonía*

enalteciendo la estoica certeza del lago
que al reconocer el abismo de su hondura
abraza su propia
e ineludible
finitud.

Mavi Robles-Castillo [México]. Poeta, escritora, editora y traductora tijuanense. Tiene 7 libros de poesía publicados y re-editados de forma independiente. Ha impartido talleres de estímulo a la creación poética para niños y adolescentes, en conjunto con asociaciones nacionales e internacionales. Actualmente tiene *La letra en la radio*, cápsulas literarias que suenan en radio Universidad (UABC). Promueve la literatura independiente.

Nicaragua

BERMAN BANS

Efemérides

A JANIS JOPLIN

He oído tu nombre alabado por ninfas,
por jóvenes agrios
que fuman marihuana en el cementerio.

He oído de tu alma
dada a la poesía,
pero no quise creer en esos cuentos
de fanáticas biografías,
ni de grises reportajes en periódicos viejos.

Y ahora vienes dando tumbos,
-justo hoy, conmemoración de tu féretro-
con tus modales lujuriosos
a perturbarme el sueño.

Me levanto a consultar tu nombre
en la esfera mágica de nuestros tiempos.
y toda tu vida pasa ante mis ojos perplejos:
Tu desmadre;
      tu soledad;
          tu rebeldía,
tu canto torturado como un prisionero

torturado como un prisionero indomable
en un pestilente alborozo.

Una noche como hoy
te moriste por sobredosis de heroína.

600 dólares en tu testamento.

Y los buitres de siempre
se encargaron de inventar tu mito.

Una niña con su perro;
una adolescente con su guitarra;
una ninfa danzando desaliñada,
inmersa en su tristeza
como blues íntimo.

¿Qué sé yo de tus fiestas paganas
o de tu muerte convertida en circo?

En la pantalla te veo cantar en Monterrey,
pero no puedo oírte, sirena asesina,
sin tarjeta de sonido.
Te veo agitar el cabello y realizar tu danza,
y a penas leo tus labios levemente torcidos.
Sí, que fácil hubiese sido amarte, muchacha.
Yo, que descreo siempre de los ídolos.

Berman Bans [Managua, Nicaragua]. Fraile capuchino, poeta, narrador, ensayista. Graduado en Filosofía y Humanidades por la Universidad Católica de Costa Rica. Es autor del libro de cuentos *La Fuga* (2013). Ha publicado en El Hilo Azul, La Prensa Literaria y Revista del Centro de Investigaciones Lingüísticas y Literarias, CILL, UNAN, Managua. Cofundador y actual director de la revista literaria *Alastor*, donde suele publicar ensayos y reseñas literarias.

Ayotzinapa

Qué hace un caballo ensillado por la muerte en Ayotzinapa,
Diciéndonos soñé soy río, aire y trozo de jade,
Y el río se levanta sobre sí mismo
porque abraza el lomo redondo de ese caballo,
que se diluye susurrando búsquedas
que amanecen aferradas a la crin de los ausentes.
Ayotzinapa, tierra de calabazas y tortugas.
un caballo y el río que habla de muertos en las quebradas
con la ilusión de desatar al sol y al aire de los vivos;
Mientras la calabaza da vueltas sobre sí misma
Y la tortuga gira alrededor del tiempo
y las esferas carnosas son semillas comestibles
y desoladas, mientras no aparezcan los cuarenta y tres
ríos, los cuarenta y tres símbolos del caballo,
hijos de calabazas y tortugas,
hijos del dolor que habla desde el aire, al agua y las madres
Que seguirán con los ojos en lo hondo de la tierra,
Mientras no aparezcan los desaparecidos en Ayotzinapa,
pueblo del alba y canto con voces del mundo.
En Ayotzinapa ríos,
En Ayotzinapa caballos que andan libres,
En Ayotzinapa calabazas entre piedras,
En Ayotzinapa poetas como dioses aztecas
engendrando caminos y palabras.
Como una tortuga Ayotzinapa
deambula y rompe otros corazones
como en el cielo y sobre el caballo,
Como dentro del río y las calabazas
Conmovidas por los ausentes estudiantes normalistas
Que soñaron para que México sea libre,
mientras Huitzilopochtli, similar al pájaro del fuego,
da la vuelta a lo largo del silencio

y se queda en un poncho rebelde que baja del cielo.

El buen poema

El buen poema te sacude la cabeza
Como caballo con aspas.
El excelente te ahoga con silencios
De lobos que lamen la inocencia.
El extraordinario te hace
Abandonar el salón, y
En posición de murciélago
Con hambre,
Porque le da vueltas
A tus dientes que mastican el mundo.

Carlos Calero. [Nicaragua]. Libros: *El humano oficio, La costumbre del reflejo, Paradojas de la mandíbula, Arquitecturas de la sospecha, Cornisas de asombro, Geometrías del cangrejo (y otros poemas)* y *Las cartas sobre la mesa. Antología Generación de los ochenta. Poesía nicaragüense.* (en coautoría con Carlos Castro Jo, 2012).

¿De qué color son mis alas?

Mis alas son grandes, erectas
y plumosas para volar
al mínimo aleteo del viento,
llegar al cielo, besar las nubes
y empaparme por dentro.
¡Vibran con el sol!,
deslumbra mis ojos
los truenos tardíos
y el retumbo del tifón.

Son mis alas largas y afiladas
para romper la Palabra.
Son rojo volcánico,
y etéreas como los sueños
inciertos ó reales...

Son atrevidas, sagaces
odiosas y amantes,
¡pero son mías!
mis propias alas de carne y hueso
que viven realidades
y también sueñan
bien despiertas.

Amor con sabor

Gotas de amor
con hierba buena
en mi salado sudor,
 es mi trampa olorosa
de oculta sensualidad
en el sabor.

¿Y el olor de canela en raja?…
¿en polvillo café?…
briznas doradas
de canela joven
picante, olorosa y sensual
!pican en mi lengua!
que al recordarte…
(chasquido)
humedece mi garganta
y sabrosea mi boca.

Posesa de amor
sueño atrapar
tus labios con mis besos,
y sumida a tus deseos
te sabroseo
dentro de mí,
 amor,
te sabroseo…

Ninoska Chacón Blandón [Nicaragua]. Poeta, narradora, tallerista y editora. Libros publicados: *Perfume de luna* (2003), *Rostros* (2008), *Huellas de mujer*, *El color de mis alas*. Directora de la Colección de Mujeres Poetas nóveles de Nicaragua. Figura en más de 50 Antologías nacionales e internacional. Ha sido traducida a más de 7 idiomas.

Fábula clásica

Helos aquí:
    Fulvius Macrianus, Macrianus Iunior, Quietus, Postumus,
Aemilianus, Tetricus Senior y Tetricus Iunior, Magnus, Pacatianus,
Ingenuus, Balista, Felicissimus, Terentius Maximus, Gellius Maxi-
mus, Regaliano y Sulpicia Dryantilla

        —muertos todos;
            olvidados.

        Nadie despierta sudoroso en su nombre, ni sufre sus conjuras
y confiscaciones.
Nadie teme a Tetricus, ni a Postumus.
Nadie sabe en qué playa inundada están las sobras de Aemilianus.
Nadie sabe quiénes son los hijos de Sulpicia; nadie les odia ya, y
        nadie sabe cómo fue quererles;

        Nadie les cuida, nadie les traiciona, nadie sufre su traición.
Nadie les aclama en las plazas.
Nadie afila las lanzas en su nombre.
Nadie se ocupa de censar el odio que germina en los aplausos.
Nadie espía las nuevas codicias que brotan como musgo entre sus
sombras.
        Nadie ambiciona tratos con Macrianus.

        Ya no conspiran, ya no obtienen ganancias de su astucia.
Ya no ganan y pierden las batallas, ni avalúan sus victorias con
actuarios de muerte.
Ya pueden descansar sus sonrisas incompletas, y el rictus macabro
en sus miradas.
Ya no precisan mentir, o hacer inventar perversas fantasías.
Ya no necesitan esconder sus motivos.

Ya están todos muertos;
        olvidados.

Everglades

En esta planicie cabe el día entero
con toda su carnal inmensidad
su vaporosa desnudez de pampa húmeda
su cielo tocando con la palma ardiente el bochorno
ondulando como sábana en derroche de lluvia anticipada
Esta planicie es exorcismo y es posesión,
un puñal que ensarta preguntas monótonas
que las garzas capean con sus alas pesadas.

Esta planicie es un alud de mediodías
y un sopor enterrándose a si mismo
como un sepulturero mudo de aburrimiento.

Borrador de crónica

la pequeñez del hombre funda
la grandeza de dios
del magnánimo héroe nace la traición,
la bondad de la extraña catacumba,
la distancia en alas de un fétido insecto,
los ojos del mural que son
la paz sangrienta en legado.
Así marcha la insurrección del alma
                a su derrota.

Francisco Larios [Nicaragua]. Reside en Estados Unidos. Ha publicado los poemarios *Cada sol repetido* (2010), *The Net in Sight/La red ante los ojos* (2015), *La Isla de Whitman* (2015), más la plaquette *Astronomía de un sueño/Astronomy of a Dream* (2013). Sus poemas y traducciones han aparecido en revistas digitales e impresas y ha sido parcialmente traducida al italiano, griego, rumano e inglés.

Panamá

Linette y mi bola de pelos

Entro en ti,
veracidad de tiniebla.
Quiero las evidencias de lo obscuro,
beber el vino negro:
toma mis ojos y reviéntalos.
Octavio Paz

Ese olor le recordaba algo, pero no sabía qué. ¿Era el aroma del incendio en el que perdió todos sus libros? ¿Era la tensa aspereza del barniz de la mortaja en la que vio a Linette por última vez antes de ser llevada al sitio de los que ya no vuelven? ¿Acaso sería una necedad más de su memoria olfativa, empeñada en apretarle los pesados grilletes de la pérdida?

No quiso indagar más. Se puso de pie y fue a la cocina, se sirvió un vaso de agua y encendió un cigarrillo para que el recio olor que lo apesadumbraba se perdiera entre el humo penetrante del tabaco y abandonara la noche.

A su lado, Godot era una bola de pelos que respiraba el aire de los sueños; fiel, como siempre lo había sido desde que lo recibiera de manos de quien había sido su dueña anterior; dormitando pero atento, como tantas otras veces, a los pálpitos acelerados de su corazón, a sus malos humores, a sus lágrimas.

Pero Godot solo pareció dar señales de vigilia en el instante en que el insomne soltó un estornudo a causa del cigarrillo: Levantó su pequeña cabeza, miró trasnochado a su alrededor y retornó a su postura de animalito inmóvil, luego de la sacudida.

Carajo, pensó el que fumaba, solo otra vez con mis recuerdos. Si el humo fuera una puerta hacia el olvido, los estornudos serían una suerte de campanada antes de la partida. Tres estornudos y empezaría la función hacia la nada.

Humo, estornudo, olvido. Cómo se asocian tan fácilmente estas tres palabras y cómo hay que dejarlas ser en la página en blanco hasta que se fundan en una y la misma sustancia; secreción de sílabas dejando atrás los recuerdos, o adelante.

Pero es que los recuerdos no lo abandonan tan fácilmente. Avanzan y retroceden. Siguen haciendo pasar las cosas por su corazón. Las imágenes, los rostros, lo informe que es inefable en todos los idiomas. Recordar: Volver a pasar por el corazón. Y su corazón como un pálpito lleno de recuerdos. Y sus recuerdos como una brumosa amalgama que le viene azulando la sangre.

Perro. Sangre azul. Humo. Estornudo. Olvido.

Ahora son las palabras las que huelen, las que se asocian y le dictan al hombre el sentido de sus pulsaciones. Las palabras mismas van desatando nudos, caminando a ciegas, formando frases nuevas, recreando lo que fue o pudo haber sido en tiempos remotos.

Entro en ti, veracidad de la tiniebla. Quiero las evidencias de lo obscuro, beber el vino negro...

Escribe, cabrón, se dice. No les tengas miedo a las palabras. Repítelas y huele su humo narcotizado. Déjalas revelarte lo que te niegas a saber. Lenguaje son de ti, parábola del tiempo que te humilla, huracán con su ojo tranquilo, fuste del corcel brioso en el que cabalgas, nocturno tú como una cortina de teatro lejos del resplandor.

Lo sabe el perro mejor que tú. Humo de tu sangre azul. Sangre azul de tu estornudo. Olvido de tu perro vigilando en tu vigilia. Elegía de Linette en su mortaja. Llama de tus libros incendiados cuya voz te levanta.

Pide lo que sueñas: *Toma mis ojos y reviéntalos.*

Salvador Medina Barahona [Panamá]. Poeta, ensayista; editor; gestor cultural. Ha publicado seis libros de poesía; entre ellos, *Pasaba yo por los días*, (Premio Nacional de Literatura Ricardo Miró, 2009). Coautor de la muestra compilatoria *Construyamos un puente —31 poetas panameños nacidos entre 1957 y 1983—*. Traducido al inglés, francés, ruso y griego. Embajador en encuentros culturales, ferias del libro y festivales de poesía en múltiples países de América y Europa.

Más de la casa

1

También ocurre que por estar ese sol
ese regalo de ti viajero en el paisaje
alunizando en tantas partes
el rostro mío se aparte de su nocturnidad,
desborde suficiencia, clarividencia, ternura deslumbrada.

2

Soy una ausencia total de mí misma esta mañana/ las preguntas
han escapado todas por un esfuerzo de mi voluntad/ no me pre-
gunten quién es bueno/ quién dañó/ ni en qué creo o dejé de
creer/

Esta absoluta vaciedad es un descanso/ nada porqué preocupar-
se/ nada qué decidir/ nada para pensar/ nada para desear/ a
quién/ si tocan a la puerta no abriré.

3

Dales razón de mí, cuéntales la que era
Díles por dónde va, brumoso y obligado
el corazón huraño en los helados
cuernos de un toro solitario.
Dales razón de mí
que he hallado el mar, el aire, las canciones
que tú me regalabas,
que tengo hoy la libertad de darme y recibir;
que ya no está brumoso mi corazón adentro.

4

Porque tuve mi tiempo y lo tenido
no fue canción sino brutal sollozo
porque di clandestino el simple gozo
conque el alma buscó lo no vivido

porque vivir no es solo desmedido
golpe inhumano ciego y trabajoso
se ha levantado ya este ser del pozo
y estoy aquí buscándome sentido

tengo palabras y poesía aún tengo
con toda el alma insisto y me sostengo
desde mi humanidad y la ternura.

Soy un poco la rosa y el diamante
Una ola de altura alucinante
Me toco fuego por no estar oscura.

5

Este día trabajoso y neutral
como un centro de hielo trepando al corazón
se ha detenido a conversar conmigo
me regañó
que está bien que una tenga sus misterios
pero que ya de a malas él me entiende
se queja de mi mala presencia
de mis modales secos
se queja del brillo jubilado de mis ojos
se queja de esas líneas rodeándome la boca
se violenta porque una arruga
de horroroso, inexplicable, descomunal cansancio
me hace esa herida de muerte vieja
dice que si de veras tengo ganas de estar un poco viva
estoy en todo mi derecho
que nos vayamos avivando pues

que el tiempo no está para *sonseras*
pero está bueno ya! le dije yo
estoy dispuesta/ ya soy otra
algo cambió y es que agoté mi carga de docilidad
ahora pasa que me ven exhausta/
de tanto
pelear por mi derecho a la vida.

Moravia Ochoa [Panamá]. Poeta y narradora. Premio Literario Nacional Ricardo Miró entre otros. Estudios universitarios (Universidad Panamá). Subdirectora y Directora Nacional de Extensión Cultural, Poemarios: *Raíces primordiales, Donde transan los ríos, Ganas de estar un poco vivos, Hacer la guerra es ir con todos, Contar desnuda, La gracia del arcángel, La casa inmaculada.* En cuento, *Yesca, El espejo, Abismo, Juan Garzón se va a la guerra, En la trampa.*

Ojo de tigre

Esta mujer vive intensamente las noticias familiares
las noticias que sus amigos le transmiten por teléfono
la gota de agua que escapa de los grifos
los ruidos de carcacha de su auto eternamente roto
la pérdida del diente de un sobrino suyo, el asma ajena,
las precipitadas caídas al infierno cotidiano.

Egoísta, impredecible (en eso se parece mucho al mar)
y como el mar hermosamente humana y solitaria.

Alguna vez,
el tiempo nos atrapa a los dos en una esquina de diciembre
azota nuestros rostros hasta congelarnos la sonrisa.
El planeta se llena de negatividad, de desamparo, de noticias tristes.
De pronto el mundo se llena de ruidos extraños:
de aviones, obuses, *ayes* que escalan montañas
(los vecinos señalan con el dedo
al paso de las tropas extranjeras).
La utopía —vino añejado en bodegas crepusculares—
escapa de la botella. (También la bestia del zoológico
rompe los candados que la aherrojan al proyecto humano).

Sin embargo, todo lo comparte conmigo esta mujer, todo,
la carta que nunca escribo, su casa tomada por espejos,
los viajes al fondo de la sangre, la verdad de anguila,
la que de tanto repetirse se gastó en la almohada.

El día que los pájaros del amor dejan de volar
y cavan túneles debajo de la tierra
para anidar polluelos de miedo en las tumbas colectivas
está conmigo para compartir

la poca muerte que nos queda por morir.

Comparte conmigo los centavos, el miedo al miedo,
la luna de queso en una fonda del camino
la Macintosh, el Microsoft Word y el PageMaker
los marañones licuados con las yemas del dolor.
Esta mujer comparte conmigo hasta el hijo que no tuvimos nunca,
la soledad, la muerte, la guerra de las guerras,
el sonido lejano de aviones y helicópteros
bombardeando las casas de madera,
los paisajes de mi infancia en la bahía,
los sueños amputados con ferocidad imperial
los recuerdos de arena arrastrados por olas de violencia,
la copa de odio derramada en la patria que amo.

A nadie en el mundo amo más que a esta mujer.
Ella es una y todas las mujeres, síntesis
de defectos y virtudes, la suma infinita
de génesis e historia, de beso y argamasa,
la fe que nunca tuve, el miedo que tutela mi honra,
el capítulo final de una novela de misterio
un poema como lluvia o rocío metálico
que tiene ganas de océano y maremoto.
Más que mujer amada: amada compañera.
Mejor que esposa o madre,
o lo que es lo mismo: creadora de diminutos universos
y sueños de nunca, de medievales infortunios
trotando en la cabalgadura de un Quijote elemental.

Pedro Rivera Ortega [Panamá]. Poeta, cuentista, ensayista, cineasta, periodista. Ha ganado en cinco ocasiones el Concurso Nacional de Literatura Ricardo Miró en las secciones de Poesía, Cuento y Ensayo. Poesía: *Panamá, incendio de sollozos. Mayo en el tiempo. Despedida del hombre y Las voces que trajo el alba. Los pájaros regresan de la niebla. Libro de parábolas. Para hacer el amor con la ventana abierta. La mirada de Ícaro.* Cuentos: *Peccata minuta. Recuentos* con Dimas Lidio Pitty. *Las huellas de mis pasos. Crónicas apócrifas de Castilla de Oro.* Ensayos y testimonios: *Todo sucedió mañana. Arar en el mar. Panamá en América, ensayo de economía poética. El martillo contra la nuez. El libro de la invasión. El largo día después de la invasión. Códigos de la caverna. El zoon politikon.*

Paraguay

CARLOS BAZZANO

Pensando en vos en la parada del colectivo

Nuestro amor no ha nacido
Descansa bajo el árbol que no hemos plantado
Leyendo el libro que no hemos escrito.

Cuando yo muera, amor

Cuando yo muera, amor,
Mis tontas manos al fin dejarán de buscar tus manos.
Mis tontas manos al fin descansarán cuando yo muera.

Mientras tanto, sin embargo,
Mientras tanto,
Nuestras manos navegarán en un mar de asfalto.

Mientras tanto,
Nuestras manos serán palma, caricia o puño en el asfalto,
O adiós cotidiano.

Mientras tanto,
Asunción podrá ser tan tuya, o tan mía,
Pero nunca tan nuestra
Como sueñan mis tontas manos.

Mientras tanto,
Hasta que yo muera, amor,
Mis tontas manos confundirán tus manos con otras manos,
Con otras manos.

Habitación

¿Cuál será la palabra
que sintetiza

un brindis sin futuro
El silencio
La cama
El mañana que despierta sin tus ojos?

Cuando no estoy inspirado

Cuando no estoy inspirado
Me siento en una plaza
Cualquier plaza
Y veo a los policías caminar
Veo a niños lustrar las botas de señores serios
Veo
Tan solo veo
Como veo
Por ejemplo
Estas palomas

Carlos Bazzano [Paraguay] Libros: *Hasta ahí nomás/Descartes* (en conjunto con el escritor Eulo García (2014), *Q.E.B.D. —Que en bar descanse—* (2015), *Escombros* (2015), *Ñasaindy* (2016). Ganador del Primer lugar del Concurso Nacional de Cuentos El Cabildo, 2008; primer lugar del Concurso Nacional de cuentos Jorge Ritter, 2015.

RAMIRO DOMÍNGUEZ

Salmos a deshora

I

Está la noche para colgarle faroles
y abrir el pecho en canto.

Hubiera
querido hacer de su momento un ánfora
para añejar su misterio.

En tanto
pasan los que van sin detenerse
para sembrarle su parcela al tiempo.

Miro otra vez, y se me resbala el alma
por la cornisa de la noche.

Hubiera
querido hacer de su momento un ánfora.

Sí. Hubiera querido.

En tanto,
trajinan gritos, como anunciándose
para volcar su queja.

Si supiera,
no tocaría este silencio.

II

Hoy
tengo ganas de caminar a solas
y que me llene el viento la boca.

¿Hastío?
Mejor, certeza de que hay siempre número
para cada cosa.

Desde la esquina
la costra vieja del atardecer
suelta sus escamas de oro
bajo la noche azul que se avecina.

A veces
siento reparos de pisar el suelo
como si hollara vencidos unicornios
heridos por algún centauro mozuelo.

La savia de los mangos puja
y ulcera el tallo con ampollas nuevas.
Pienso
que un año más nos dará frutos
y que en invierno habrá bastante leña.

Miro
la mineral cordura del anciano
que escarba su trascurrido nivel de niño.
Entiendo
que así está bien, volcándonos despacio
hacia anteayer,
para que vengan los muchachos
a contarnos lo que se pudo hacer.

III

Encaramándome a los verdes años
recibo mi ración de sueño. Caminante
de las altas alcobas, parece ayer
que tenía los ojos deslumbrados.

Y pensar que aquí no más incuba
la antigua ley que nos volcó sin manos.

Atrás

hay una ladera, por la que suben
y bajan pensamientos vanos.

Todo está por hacer. Todo repite
la invitación que una vez todos escuchamos.

En mi ventana he puesto a madurar diminutos luceros.
Y me dicen que todavía
cabe un grillo sonajero.

He aprendido el ceremonial de la tarde
llevándose consigo los rastrojos del día viejo.

Hay una larga liturgia de mensajeros y heraldos
y despachos por telégrafo.

La gente se saluda en la calle,
procurando decirse cosas muy amables
para matar el tiempo.

Los gatos de franela
pasan revista a su almacén de zarpas.
Un perro ladra
sin saber por qué
de puro lelo.

He contado mis ochavos, y encuentro
que todavía me sobran
para un largo regreso.
(De *Salmos a deshora*, 1963)

Ramiro Domínguez [Villarrica, Paraguay]. Poeta, ensayista, dramaturgo, abogado, sociólogo y crítico de arte. En el año 2009 recibió el Premio Nacional de Literatura. Su obra poética incluye, entre otros títulos, *Zumos* (1962), *Salmos a deshora* (1963), *Ditirambos para flauta y coro* (1964), *Las cuatro fases del Luisón* (1966), *Los casos de Perú Rimá* (1969), *Mboi Jagua,* (1973), e *Itinerario poético* (1984). Fue miembro del Consejo Asesor de la Reforma Educativa y Coordinador de la Comisión Nacional de Bilingüismo.

Escribo

Me preguntas cuándo escribo,
escribo mientras camino,
mientras encienden sus computadoras
y navegan por internet,
mientras manejan y hablan por celular.
Escribo cuando otros duermen,
pasan películas malas
o entran goles del equipo que no es mío.
Escribo cuando te enojas y no me llamas,
mientras hablas de esas cosas
que parecen un mundo y no entiendo,
cuando unos ojos me saludan en el colectivo.
Escribo cuando abro la puerta de casa,
me quito el reloj, la billetera,
la ropa, los zapatos
y toda ella es. mía
Escribo cuando me baño,
pues sigo cantando mal.
Escribo…..
Solo dejo de hacerlo
cuando se te toda mujer en mis manos,
Entonces
            ¡Vivo!

Hugo

Duermo, dejo que pasen las siete,
giro en mi cama
chequeo que los celulares estén encendidos
            —no entran llamadas—
no la que espero,
en la que dirás como estas Ferni?,
            como te fue ayer en Oviedo?.

7 :05 prendo el televisor deseando que las noticias puedan
transformar
la realidad de 2190 días,
que digan que hoy a poco de cumplir
71 años inauguras tu muestra individual numero 50
Son las 7:15, te sientas a mi lado, sonríes y tienes esa luz
inconfundible
no decimos nada, y porque tu camisa es de un verde que nunca te
pondrías
sé que todo es un sueño,
despierto con el sabor de tus mejillas en mis labios
el sabor de ese último beso que te di en la camilla del hospital,
  con tu cuerpo aun tibio, pero tú,
papá,
ya te habías ido.
Hoy 28 de agosto del 2012 que no daría por ser nuevamente niño:
llegamos a casa tarde de algún evento
simulo dormir en el asiento trasero de la citroneta

                                abrazándome me alzas
y me dices/te digo
                      te quiero.

Fernando Pistilli Miranda [Asunción, Paraguay]. Poeta, escritor, profesor, promotor cultural. Tiene 13 libros publicados siendo los dos últimos, *Antología Poética* (2013).*Aún te espero* (2013). Sus trabajos han sido publicados en periódicos, revistas y antologías de su país y del extranjero. Entre sus distinciones resalta la de Honor al Mérito, otorgada por la Universidad Iberoamericana del Paraguay por su labor cultural.

Perú

MELISSA ALLEMANT SALAS

Mi niño

A AYLAN KURDI

Espero haya sido al alba
cuando encontraron tu cuerpo
en el azul del primer cielo
 y el aire frío

Espero que el único sonido
en la playa
haya sido el del mar
el de las olas
que llegan a tu pequeño cuerpo
a tu blanco cuerpo de niño

El amanecer es para ti
el mar es tuyo ahora
el océano entero
no ese pedacito de miseria
que te heredaron
las generaciones del odio y la avaricia

Haz muerto mi niño
queriendo sembrar
estrellas en tu pecho
y a cambio
solo el miedo

Agua salada en tus pulmones

Descansa ya
mi niño sin nombre
duerme la muerte

sin tu madre

Espina

Hace tanto
que no alimentas
mi útero
que no muerdes con suavidad
mis labios

Escarbamos la tierra
con las uñas largas
entraste por mi oído
y te sentaste a mirar
la ciudad
bajo la luna

Sé que rondas
las aguas que me habitan
que te afilas
en las nubes blancas
de mi aliento

Llegará la hora
harás de mi palabra
polvo
me perderás de este mundo
para divagar
en el llanto de mis hijos

Ese día
te esperaré

con el grito seco de mi carne
dibujando
tu gran sonrisa

dentro de la niebla

Melissa Allemant Salas [Lima, Perú]. Actriz, poeta y comunicadora social. Ha publicado: *Desdoblamientos* (2003), *La noche abundante* (2011) *Siembra* (2015). Tanto su obra poética como narrativa ha sido merecedora de importantes galardones.

Waqanki niña

Waqanki niña flor de los andes
ñusta divina, estrella en flor
Brota cautiva, dulce y serena
entre los bríos de mi canción.

Y entre la piedra casta y sagrada
retoma el ande, caricia en flor
cual dulce virgen de las alturas
se envuelve en trinos mi corazón.

Waqanki niña, flor de los andes
naces del viento, naces del sol
y te cobijas en las entrañas
del noble templo, templo del sol.

Por las mañanas frescas de lluvia,
mojas tus alas en esplendor
y te refugias en el silencio
del sueño de luna y canto del sol.

Waqanki niña, flor de los andes
rindes tributo al magno sol,
la luna inspira tu dulce canto
y brota en verso tu inspiración.

En los albores del Huayna Picchu
queda dormido mi corazón,
y en las entrañas del Machu Picchu
brota en silencio mi admiración.

¡Waqanki niña, flor de los andes
verso dormido, en inspiración

tú eres la ñusta bella y sagrada
que guarda en mi alma su tradición !

Historia de amor

Una noche de primavera
una rosa se ocultó
entre los rayos de luna
y el suspiro de un botón.
Pues quiso quedar despierta
y encontrar en su soñar
la mirada misteriosa
de su amor y su cantar.
Y tejiendo melodías
con los aromas de flor
se impregnó en la poesía
para no olvidar su amor.
Y en la noche misteriosa
ella siempre esperará
en el vuelo de un suspiro
el cántico de un zorzal.
Pues la rosa enamorada
no quiere dejar pasar
una noche misteriosa
ni un suspiro, ni un cantar…

Elizabeth Oliveros [Cajamarca, Perú]. Poeta, promotora cultural. Ha publica-
do Ensueños y poesías (2012). Su obra ha sido recopilad en antologías naciona-
les e internacionales; actualmente es de Directora de Relaciones Exteriores de
APLIJ-Cajamarca (Asociación peruana de Literatura Infantil y Juvenil).

La pregunta

¿De dónde vengo?
¿Cómo explicar el origen cuando ni siquiera estoy segura del día?
¿Cómo decir un nombre de ciudad cuando aún no recuerdo mi
dirección?
Escribiría una carta
con lo único que sé:
mi nombre.
No se podría responder de vuelta.
Quizás me escribirían una respuesta, pero nunca la sabría.

¿De dónde vengo?
Estoy aquí, es lo que importa.
Donde estuve antes
no es de donde vengo.
Podría ser un nombre de ciudad, uno solo.
Podrían ser cinco; uno tras de otro,
mi genealogía geográfica,
mi mapa de ruta.
Una hilera de nombres no es nada.
Solo sé el mío.

¿De dónde vengo?
Preferiría un río, una flor, un pájaro,
en lugar de una acumulación
de edificios.
Vengo de alguna parte.
Pero hoy estoy aquí.

¿De dónde vengo?

Variaciones mínimas

Guías de viaje, ciudades distintas.
Recorridos, restaurantes,
monumentos, museos.
Cruce de latitudes y longitudes
identificables y definibles.

Así pensaba.
Parecía.

Un momento llegó
cuando el metro, los buses, un bondi,
Larcomar, las Ramblas, tres puentes,
Broadway, la Torre de Belén,
Playa del Carmen, Rodeo Drive,
todo eso
era lo mismo.

Y era West Hollywood en Barcelona,
Alfama en Lima,
los Campos Elíseos en San Juan,
el sol de medianoche en Buenos Aires.

Todo era posible
contigo
todas las ciudades
eran el hogar.

Claudia Salazar Jiménez [Lima, Perú]. Doctora en Literatura por la Universidad de Nueva York (NYU). Ha editado las antologías *Escribir en Nueva York* (2014) y *Voces para Lilith* (2011). Ha participado en antologías internacionales de narrativa como: *Denominación de origen: Perú.* (2014), *Solo cuento* (2015), y en la selección de literatura peruana hecha por la revista *Words Without Borders*. Parte de su obra ha sido traducida al inglés, alemán, francés e italiano. *La sangre de la aurora*, su primera novela, ganó el Premio Las Américas de Novela en 2014.

Puerto Rico

RUBIS CAMACHO

Una mujer
la mía
se estruja entre la fiebre
Incapaz de ser rosa
o agua limpia...
Un buche verde
nace bajo sus ojos
y entiesa la mirada.
La mujer que amo
la que se muere
mientras la amo
esa a la que no he dado
una hija
que también
ame a las mujeres
ha perdido los ojos.
No los encuentro
en las esquinas del océano...
Se le vacían los párpados
en el ánfora reseca
de su rostro .
A dónde van los ojos
de las que casi mueren?
En que arena desértica
inscriben sus miradas
aquellas de pestañas
inundadas de gris
y de fronteras?
Qué harán con sus pupilas?
Con el iris mustio y deshabitado?
Y si lleno las cuencas
flácidas
con corales del Mediterráneo
hasta poner en su mirada

un transitar de náyades ligeras?
Hasta derramar sus ojos
afiebrados de mirtos
sobre el altar de Afrodita
para que la diosa descienda
a contener la nostalgia.
Tú
amada
mía
y de los dioses
que lo revuelcas todo
par brotar
entre los dedos
de mis pies
y subirme
como un tallo
mágico
y transparente...
Arrebata el poder a la muerte!
O quieres castigarme
con el grito
de tu ausencia?
Cuándo te volviste
Némesis de dragones?
Volvamos a los besos
ebrios
de la esperanza
asustados
ingenuos
candorosos
como el de Midas
en la frente
de su hija.
(De *Safo: ritual de la tristeza*)

Rubis Camacho [Puerto Rico]. Vicepresidenta del PEN club de Puerto Rico. Ha publicado: Cuentos traidores (2010) y Safo: ritual de la tristeza (2015), entre otros. En el 2002 fue premio en el Certamen para Cuentos No Sexistas; fue premiada en el Certamen de Narrativa La Barca de la Cultura.

MARCOS REYES DÁVILA

Arqueología del verde de tu nombre

1. *Todo en mi entorno era tu huella*

No sé si descubrí tus ojos
al despertar
o si me llevó a ellos
el colibrí peregrino de un sueño.

No sé si fuiste jade
o eres quetzal.
No sé si eras
quien rondaba mis espacios
y mi tiempo sibilante
como lo hiciera
una sombra de luz enharinada.
Pero si sé
que te anunciaba el tucán en lo alto
o el aleteo del agua en el embarcadero.
Te presentía el río en la frontera
y la niebla entre las rocas
cuando te trajo el viento.
Todo en mi entorno
era tu huella.

2. *El trazo encarnado del turpial*

No sé si eres
mas sí sé que fuiste.
Quedas ciudad en medio de la selva.
Quedas templo en medio de la ciudad.
Quedas cúspide en medio del templo.
Quedas piedra en la cúspide del templo.
La piedra roja

de mis sacrificios.

Sangre y agua de las quebraduras.
Quebradura del cántaro
que te cantó ayer
y cantará siempre.
La piedra milenaria en la palabra.
Esa palabra que unge
todas las frutas
y las flores del mercado
para esa mujer emplumada
que no acaba nunca.

Quise ser astrólogo para tus ojos
y arqueólogo
del bermejo mohíno de tu boca.
Quise ser el ornitólogo capaz
de rastrear las plumas de tu cuerpo.
Para regresarte los pasos,
la avenida grana de tu ocaso
el frescor del despertar
la noche que cobija
el saludo en la avenida
los pájaros de la calzada
el agua de la fuente
las frutas del mercado
el canto interminable
del ruiseñor de aquella tarde
la rosa roja de un deseo.
Para grabar
sobre el trazo encarnado del turpial
un poco de mi sangre
como sobre una hoja de nogal
escribí el verde de tu nombre.
Ese turpial que me acaricia
    siempre e interminablemente
como el mar a la playa.

Tú traes las velas, amor
que engrandecen el cuerpo
con el cielo.
Traes los maderos
y el combustible presto.
Yo pongo sólo el fuego.

Marcos Reyes Dávila [Puerto Rico]. Catedrático de Literatura de la Universidad de Puerto Rico, director de la *Revista Exégesis* y ex director del instituto de Estudios Hostosianos. Es autor de los siguientes libros de versos: *Estuario, Goyescas, Los pájaros de invierno, Una lluvia tan grande campanas, Del fuego sobre el agua* y *Las cuerdas del aguacero*. Forma parte de la junta directiva del Festival Internacional de Poesía en Puerto Rico.

Volverás

la lucha te atrapa si tienes abierto el corazón
y la voluntad para combatir las injusticias
Oscar López Rivera
27 de abril de 2014

Volverás a casa
y la vajilla intacta
que guardó la abuela
celebrará una gran fiesta
de colores y sabores por tu regreso.

Se te llenarán los ojos
de los azules y verdes de la patria.
Respirarás mar y tierra a un mismo tiempo.

Lágrimas emocionadas
inundarán tu rostro
como la creciente
que se lleva todo a su paso
con ellas se irán las nostalgias de los años.

Al caer la lluvia correrás
calle arriba y calle abajo
como el niño travieso
que faltaba a la clase
para tumbar naranjas y bañarse en el río.

Caminarás descalzo por las calles
que de tu pueblo
en compañía de algún perro sato
que emule el recuerdo de "Jíbara Soy".

Con ojos cerrados, en profundo silencio
esperarás la tarde fundirse a la noche
para escuchar el concierto del dulce coquí que arrullará tu sueño
hasta que despierte el alba
con la algarabía de un gallo cantor.

Atrás queda todo volverás, Oscar
te faltará cuerpo para tantos abrazos
pero te sobrará espíritu
para abrazar a tu pueblo.
Aquí esto Oscar
Un año mas
Quisiera que fuera
La ultima rogativa
En nombre de tu libertad
Y la de muchos inocentes
Que lloran la ausencia
Del hogar.
Liberarte de las frías paredes
A la que le das el calor de tus días
Y en ello quedan
Plasmados los sueños
De libertad
Tú que eres más libre
Que muchos de nosotros
Quiero Oscar que esta sea
La Última vez.

Perdidas en la nada

[A LAS MUJERES DE JUÁREZ]

que lejos estoy del suelo donde nací…
Canción Mixteca

Cada mañana
marchan con sus mochilas
cargadas de ilusión.

En el camión del nunca jamás
van las maquiladoras
en busca del sueño americano.

Con ellas se marchan las risas
y el sol no vuelve a colarse
por la ventana en la casa.

Abandonadas a su suerte
la noche les sirve de cobija
y las estrellas le velan el sueño
hasta que el desierto se adueña
de su frágil cuerpo,
y se disuelven en la nada.

Coyote… Coyote
devuélvenos tan solo una
y con ella nos devuelves la esperanza.

Iris Violeta Pujols [San Lorenzo, Puerto Rico]. Poeta y cuentista. Libros: *Con fuego en la Sangre* y *Aromas de Violetas*. Su trabajo está en 18 antologías, revistas y periódicos de habla hispana. Actualmente pertenece a la Junta del Festival Internacional de Poesía de Puerto Rico. Ha participado varios Encuentros Internacionales de literatura.

Nostalgia de ser barro

Yo canto esta tristísima lluvia del barro;
esta mano de frío invocada, estos pasajeros míos
y un poco de vino derramado en la herida
y una corta inmensidad, como la sombra de un sueño.

Cuando no puedo cantar
hago cartas de mariposas nocturnas
y las voy poniendo al agua, para que escapen,
o para que esperen, de la noche reunida, el lenguaje.

Y la voz, de barro,
cercana en un pasadía de casas vacías,
tocadas por un largo aviso de soledad
de un mismo color de cuerpo dormido, o despierto;
un color de abrazo triste y fundido,
inmolación de seres.

¿No estás?
¿Te has ido cuando el molde abandona su silencio?

Eso nos pasa cuando hacemos la figura
y nuestras propias manos nos estallan de hundimiento;
crecen de nostalgia las alas de los ojos
como el corazón del barro
el que no escucha, calla e ignora

y sin embargo,
nos ama siendo madre de nuestra sangre.

Atlántico
[ANTE UN TEMA DE CHARLES BAUDELAIRE]

Será que me voy habitando de esta lluvia
que cae muy poco
que apenas deja cosechas de noches para usarse
bajo una trenza de relámpagos, cerrando los ojos
y caminar mojado en el tranvía.

Nada me tiene igual para la voz
escribo la palabra crepúsculo y el aire arrecia
con esa memoria de mis muertes iguales
todas en el mar, ya tan moreno de mi insomnio
se desaparece el sacrificio a las buenas mareas
a esa música de sal que el oleaje vocifera
con el azul de un dios amortajado.

Y subo atlántico
este sabor de soledad
subo esta cordillera de océano anclado
enamorado de mi naufragio

magnífico de heridas
que esta noche interpreta con su rabia.

Mario Antonio Rosa [San Juan, Puerto Rico]. Poeta, periodista cultural, editor, educador. Ha obtenido el Premio Nacional de Poesía Guajana 2010 auspiciado por el Festival Internacional de Poesía de Puerto Rico, Premio Turpial de Oro de Poesía otorgado por la Sociedad Venezolana de Arte Internacional (2011) y finalista en el Certamen de Excelencia Literaria Biblioteca de Autores Latinoamericanos celebrado en Seattle Washington (2015). En el año 2006 fue incluido en la antología *Poetas para el mundo: voces para la educación*. Actualmente es columnista en *El Post Antillano*.

República Dominicana

JOSÉ ACOSTA

Esta Ventana

Esta ventana está abierta hacia sí misma:
anillo entre dos sombras,
túnel por donde regresan mis ojos
a mi rincón de sangre.
Esta ventana no está abierta a nada,
no hay un chorro de humanidad
hirviendo entre sus párpados,
ni un camino rodando en su distancia
ni el olor a presencia de algún pájaro.
Esta ventana no está abierta a todo,
no tiene un hombre hundido en su estatura
no tiene una lámpara empujando las tinieblas
no tiene un gato dormido en su misterio
ni una voz trepando los espacios.
Esta ventana está abierta hacia su ventana
hacia su solitaria humanidad
en la pared de un algo.
Esta ventana está abierta hacia sí misma
hacia la inocente realidad de su existencia.

Detrás de las teclas quizás un ave

Quizás algo terrible pasó aquel día
que lo olvidamos todo.
Quizás este planeta no es la tierra
que nos prometieron.
Quizás morir sea la única forma
de negarlo todo.
Quizás el mal sea el esquicio real
de lo humano; y el bien, el modo de admitir
que no somos de este mundo.
Quizás nunca lleguemos a encontrar

lo que buscamos. Quizás
no valga la pena el pensamiento.

Enciendo un fósforo

Enciendo un fósforo y nace mi mano.
Sobre el fondo una moneda flota o quizá
la redondez luminosa del ojo de un gato.
Hago ascender mi mirada arañando las tinieblas
y se hace libre allá, a lo lejos, en la cima
de todos los quejidos.
Es que estás a mi lado y aún no lo sabía
es que viajan en mí todos los pueblos
y ahora, precisamente, llaman a mi puerta.
Enciendo un fósforo y nace
tu cuerpo tejido con la noche.
Todo está tan cerca a veces, a un frágil dolor
de distancia
pero en verdad tememos horriblemente

José Acosta [República Dominicana]. Poeta, narrador y periodista. En 1994 su poemario *Territorios extraños* recibió el Premio Nacional de Poesía Salomé Ureña de Henríquez y en 1997 obtuvo el Premio Internacional de Poesía Odón Betanzos Palacios de Nueva York con la obra *Destrucciones*. Su poemario *El evangelio según la Muerte* obtuvo en 2003 el Premio Internacional de Poesía Nicolás Guillén, de México, finalista del Premio Internacional de Poesía Miguel de Cervantes, de Armilla, en España. Mención de honor en el Cuarto Concurso Internacional de Poesía La Porte des Poètes, en París, Francia (1994), en 1998 la Mención en Poesía de la Bienal Latinoamericana de Literatura José Rafael Pocaterra Venezuela. Como narrador ha ganado seis Premios Nacionales Premio. Premio Casa de las Américas, de Cuba, en la categoría de Literatura Latinoamericana en los Estados Unidos y el Premio Nacional de Poesía Salomé Ureña de Henríquez. En 2016 obtiene el Premio Nacional de Cuentos.

Los gatos de Aldaburu

A MARÍA INÉS, EN BUENOS AIRES

Los gatos son constantes vertebradas en el tedio. Los gatos,
en instinto, son preguntas.
¿Cómo ensanchan ambas córneas en lo oscuro cuando in-
quieren por el iris de un espejo?
Su mutismo sibilino es lo que intriga, pero en toda la egipcía-
ca estructura: ¿cómo pudo no escurrirse por las grietas la mi-
siva tan felina de una mole?, ¿cómo pasa por los tantos esta-
dos de materia (va de pez a pedestre al aerostato)?
¿Eran cartas de amor las que escribía? La respuesta se desliza
en los tejados.

deseos densos
primarios
del enigma

mi cerebro en las estepas pantanosas

tramando frente al mar
disperso de volumen
el ácido sonido de un segundo

¿cabrá en mis compulsiones
la vieja sed nociva

vendrá con rasgaduras yuxtapuestas?

la mano
que deviene
está incubando lodo
cometido dilatado
luces roncas de resacas

le di mi caracola
comí sus comisuras
ahora ¿cómo sigo su gacela?

Es la última farra de mi vida

Supón que lo aniquilan registros de saudades, y que puede
(con un disco) remediarlas (en cierto bar de Brooklyn en pino
de Oklahoma.) Esferas como aquella mixtura la ciudad, mate-
ria de un orate y extravío. Y que ves cómo resalta (el resorte
que tú eres) contra el cielo raso recto, por sus tonos intangi-
bles; y que luego se rasura, solicita su calzado, tantea las ur-
dimbres y radio de su miembro. Entonces dale elipsis, descri-
be su derrumbe. Habrá quien paute el coágulo que deje.

Caducidad
(fragmento)

sumisos al azar de preceptos y suturas, templado contenido
de cortezas compresas en sí mismas (según su estirpe ruda),
translúcidas entre los digitales; espigas que se alargan desasi-
das de sus suelos hasta tundir tus dientes, triturar tus cristali-
nos: como una ola (al menos) que se vierte en melopea pre-
dispuesta a recibir un cuerpo muerto, como neblinas hilva-
nando fondos cuyo motor colapsa ante un imán
porque hay días que combaten a base de pantano tu propia
telaraña de esqueleto, aunque por su oblicuidad se puede estar
confuso, asumir sus prominencias puntiagudas
los percibo como el coágulo del óvulo de un trueno cada vez
con cicatrices, inaccesibles en sus ramificaciones, contagián-
dome de lodo y anarquía
aquellas erosiones (de la estirpe del contexto) se sumen en las
curvas de espirales; y la lección del arco que equivale a acon-
tecer es sintaxis en un ámbito geométrico

Música ósea

(fragmento)

los cuerpos no son cuerpos si no son infrarrojos y translúcidos del todo a contraluz
músculos en blanco y negro, líquido multicolor drenándose después del tableteo
¡cuerpos, cuerpos! cercanos a no ser, desparramados
montones de basura hospitalaria, desperdicio fenecido en concepción
y cuerpos que se arquean cada vez que los escaldan, y confiesan, suspendidos en ganzúas
y que han sido biografiados por las uñas en los muros de las celdas de castigo
expulsados de su fuero, sin la ropa en la espesura: la cruel epifanía del esfínter sin control
la sutura que supura un proyectil, la resina que desprenden los disparos
tumulto, sub-personas como gorrión común: cardúmenes de macarela, krill
cuerpos llenos de abyección, en el óxido de sí, predispuestos a anularse en su repliegue
vendavales adventicios en madeja imaginaria por la velocidad de arrasamiento

delirando en la marea, macerándose en el lodo: suculencias en pedazos como peces
pero hay cuerpos que están hechos de naufragios y procrean el colapso de las cosas
estos cuerpos son compuestos por muñones, disecados tras estratos de paredes
o pedazos que se oxidan como parte por el todo, rastreados por jaurías en la niebla
bajo lluvia, frente al resto, desvestidos a mil voltios, y vendados y pasados a cuchillo
reprimidos en sí mismos, en sus masas, con las vísceras por fuera sobre asfalto
emboscados en cavernas de arrecifes, esfumados de la foto, exterminados

abatidos, secuestrados, diluidos en cisternas, retenidos por el
humus de una ciénaga
otros cuerpos tienen miedo: oprimidos y estuprados en sus
pétalos violentos
y después son osamentas que descubren los deslaves, con las
uñas maceradas, como cebo de rapiñas
en sarcófagos, en bolsas, en cenizas, como parte de las sobras
de un siniestro
embutidos en un pozo, con cañones en las sienes donde crece
un agujero imaginario
fracturados, de rodillas a comer sus excrementos y con larvas
que reviven sus heridas
con el sueño trastocado, su pasado todo atroz, sus familiares

cuerpos nulos, conculcados, cubicados por un láser en sus
plexos
recordados por nosotros, pero desaparecidos

León Félix Batista [República Dominicana]. Ha publicado, entre otros, *Negro Eterno, Vicio, Burdel Nirvana, Mosaico Fluido, Pseudolibro, Delirium semen, Caducidad, Música ósea, Se borra si es leído, Prosa del que está en la esfera, Inflamable, Sin textos no hay paradiso, Joda poética completa, El hedor de lo real en la nariz imaginaria* y *Un minuto de retraso mental*. Ha sido traducido a varios idiomas.

Las misas del domingo

Es domingo en la mañana.
Desde lo alto suena el llamado de los campanarios, los niños
despiertan en las casas mayores y por la avenida se escucha la
marcha de los querubines, la hermosura de los once años. Así
van los niños y en la mano un dios pequeño.

La brava Eloísa ya nos ha dejado acicalados, mis primas ya
lucirán hermosas, mientras asumen una postura de solemne
compromiso. Yo me las robo con los ojos, sin dejar rastros
de su carne ni su aliento, nos vamos entre las luces que se
fugan persiguiendo el horizonte.

El pueblo a esa hora es más pequeño y una anciana de hábito
blanco implora una plegaria frente a una cruz de cemento.
—Varones con sombrero y chacabanas se pasean con sus basto-
nes elegantes y sus rígidas esposas llevan peinados que recuerdan
algún tiempo respetable.

En la mañana, todavía es domingo.
Mis primas tocan la puerta, mientras aún estoy mojado por los
sueños en los que ellas ahogaban mi inocencia en sus cabellos.
—Las veo correr entre inmensos sembradíos de avena…

Mientras, como con una palmada, el arroyo de sus voces el sueño
se ha llevado. —Anda son las 10:00 vámonos.

Y voy junto a ellas a la iglesia acaramelado por la insipidez de los
mayores. Es entonces cuando la cabeza se me llena de tormentas,
sueños que suspiran un escape, alguna insospechada lejanía.

Pero es domingo.

Misa y primeras comuniones.
Por encima de la sangre y a pesar del dolor es domingo, todo me
hiere y todo me entristece, mi niñez ha sido violada por el cate-
cismo. Ruge el león de Juda que me arrebata.

VII

De colores también están hechas las historias
de almendras de carne dulce
y de cerezas encendidas
de rojas pasiones.
La mía está pintada
en algún muelle de madera
robada por las brisas
que a veces quedan atrapadas
en los veleros,
torpes inocentes
o *pájaros de adolescente vuelo.*
De colores mi frente
ha sudado borracheras
y he vomitado la última cena
detrás de la pared de la iglesia
para volver
a las olas del licor y la concordia
donde el humo de los cigarros
navega sobre las narices hinchadas
y la trova y la cerveza
se van filtrando la compostura.
¡Urra!, que lo que sigue es canto
y si las calles están solas
las llenaremos de pasos
que vamos torpes y borrachos…

José Ángel M. Bratini [Sabana de la Mar, RD]. Escritor, en 2012 ganó el Pre-
mio Joven de Poesía de la Feria Internacional del Libro de Santo Domingo, con
el libro *El Álbum-K*. Sus textos han sido incluidos en antologías, revistas y perió-
dicos nacionales e internacionales. Actualmente trabaja en los periódicos *El
Nacional* y *El Nuevo Diario* en Santo Domingo.

DENISSE ESPAÑOL

Tengo una mujer en mi canasta

Tengo una mujer en mi canasta.
La paseo por los prados encendidos
su cuerpo, millones de pétalos latentes
sacuden mi estructura.

La esparzo sobre la tierra,
dejo caer sus pétalos entre las rocas
el retoño de su aliento es un rayo fulminante
hueco clandestino
pariendo flores de sus múltiples tierras.

Hemos caminado hasta el mar
ahora es un pez sobre las olas
su risa enredada entre las algas
su voz corre libre hasta el fin de la sal.

Esta simple mujer
quiebra el mundo con sus piernas
cascanueces furioso de injusticias.

Infinita en la fuga,
hace volar sus pétalos sobre el viento.

Mi canasta parece vacía
ella es ahora una mujer mil veces confirmada
extensa, desplegada
arrullando el cosmos con su vientre.

Inquiriendo

¿Qué es el universo,
más que una casa en la palma de tu mano?
¿Es la cueva que dirige a tu garganta?
El universo está aquí, entre dos cuerpos,

un firmamento estrelladísimo se luce
sobre la cama.

Amplios son los suspiros
en este cosmos íntimo y vasto.
Lejanos se estiran los trillos forjados
en nuestro templo,
caminos que ando con las manos descalzas,
caminos que se han bebido mi ropa.

¿Qué otro submundo podría nacer
del big bang que ocurre a puertas cerradas?
¿Qué otra tierra será nuestra tierra
después que el incendio merme
y el universo decida cambiar de palma?

Fuego líquido

Las palabras vuelan
tu voz es un incendio
rompecabezas en 3d
con un látigo en la mano.

Nado dentro del eco,
me ahogo en su sonido
fuego líquido y triunfante
su lluvia rebosa la cama,
guerra que nunca pareció una guerra.

Si fueran minas, habrían explotado mis huellas
dejando ciegos los pies que andan a tu lado.

Arranco tu voz
dolorosos los puntos de tu posible ausencia,
oscuro el futuro
bajo la almohada.

Denisse Español [República Dominicana]. Arquitecta, poeta, ensayista y editora. Ha publicado *Mañana es Ningún día* (2013). Ganadora del segundo lugar en el concurso I. de poesía Guajana, del Festival Internacional de Poesía de Puerto Rico, 2015 y mención de honor en el Concurso de Cuentos de Casa de Teatro, 2014.

XI

Tus ojos
luz hablada por la lluvia
por el viento
por las manos
tu alma
luz que nos habla desde la mudez
o desde los cristales de lo irónico
o desde los días y el silencio
tú
mi primera voz silbada al oído
yo
tu último gesto urdido en la arena
como reiteración en calma
donde la luz de la luna todo lo habla
tus ojos
presencia eterna
los míos
olvido en el agua.

XXIX

Dale lluvia
húmedas caricias a la tierra
a las nubes dale
todos los aromas en primavera
a mí
la imagen dulce
que destejen sus cabellos en cristales
y a ella
dale el polvo
el polvo del alma mía.

XLVI

A LOS POETAS DEL MUNDO

Palabra
habitable memoria
habítame como cielo
como voz que llama al encuentro
palabra
es cromada la frescura del agua
y es lúdico y dulce
el sonido de los fonemas
cuando te nombro
o te afirmo
o te invoco
para llegar a la luz
donde lava la angustia el retiro.
(De *Reiteración del Síndrome*)

Bernardo Silfa Bor [República Dominicana]. Poeta. Premio Nacional de Poesía Athene y Premio Internacional Casa de Teatro. Libros publicados: *Hacia la Otra Senda de la Luz, Máscara de la Imago, Oscilaciones y Reiteración del Síndrome.*

Uruguay

RAFAEL COURTOISIE

Poemas de La balada de la Mudita

I

Genocida

La mudita ha matado. No con sus manos: con su pensamiento. Tiene manchas de sangre su silencio, manchas que no quita el peróxido de hidrógeno, máculas indelebles que no borra el diluvio de las lágrimas de mis palabras cursis, estúpidas, atolondradas, inicuas y febles. Los nombres de las víctimas de la Mudita, la larga lista de sus crímenes de lesa humanidad queda tatuada en la noche, sobre la telilla transparente de este texto desgarrado como un himen.

XVIII

Velar armas

Son la una en punto de la mañana.
La Mudita acaba de llamarme con el pensamiento.
No habla.
Me despertó su silencio dentro de mi cabeza.
Y no puedo volver a dormir: sé que en el sueño, detrás de una piedra de aire,
me espera su sustancia sin peso, el cuerpo invencible
de su fragilidad.
No abre la boca.
No separa los labios.
Cae en la vigilia como granizo, garúa dentro del sueño lágrimas ácidas.
La Mudita no dice nada.
Aturde.

XXII

La lengua de piedra

La poesía es un caracol nocturno en un rectángulo de agua
José Lezama Lima

Tengo un fósil de caracol.
Un espiral que un día fue orgánico, vivo, muelle, hecho de muco-
sas, organelos y tegumentos, baba, saliva ancestral de los eones,
ahora es piedra preciosa, alhaja.
Un gasterópodo que hace miles de miles de años se movía, se
arrastraba sobre la superficie de una hoja verde del cretácico, ple-
tórica de clorofila, lamía la hoja como una lengua autónoma, sin
cuerpo, como una lengua con cáscara, protegida por la relación
que establece en cada curva de su casa calcárea el número phi, que
mordía con el endurecimiento de su abertura bucal la carne tierna
de la hoja, que veía el mundo por los ojos dispuestos en la punta
de los cuernos, ahora es un objeto de piedra que adorna el inmen-
so desierto, la extensión absurda de soledad y silencio en que me
sumió la decisión, el capricho puro de la Mudita.
Miro el caracol endurecido, pienso en su lengua.
En la lengua de la Mudita.
Me llevo el fósil en espiral al oído: está cantando.
Canta sin decir nada, como el paso del tiempo.

Rafael Courtoisie [Montevideo, Uruguay]. Poeta, narrador y ensayista. Con
más de cuarenta libros publicados es miembro de número de la Academia Na-
cional de Letras. Ha recibido, entre otros, el Premio Fundación Loewe de Poesía
(España, Editorial Visor, jurado presidido por Octavio Paz), el Premio Plural
(México, jurado presidido por Juan Gelman), el Premio de Poesía del Ministerio
de Cultura del Uruguay, el Premio Nacional de Narrativa, el Premio de la Crítica
de Narrativa, el Premio Internacional Jaime Sabines (México), el Premio Blas de
Otero (España), el Premio Lezama Lima (Cuba) y el Premio Casa de América
(España).

La última cena

Uno de estos días
se me escapaban cuervos de los bolsillos
y un huevo en el alma
como un malentendido, como el alma,
me obstruía el esófago. Victimario
de los cuervos, antes huevo, y alma,
ellos me anulaban como a un muerto.
Escribo la sombra del alma en el esófago.
Soy traidor, como un viaje fabuloso
alrededor del cuervo,
del huevo o de la muerte.
Soy un malentendido amenazante
y en peligro, un espantajo,
inútil como un huevo, después cuervo
o la poesía.

Hoy

Hoy tengo las manos de cristal
para quebrarlas, para rajarme
el pecho frágil y el seguro
esplendoroso brillo que me ciega.
Planetas extraviados, hoy tengo
las rodillas breves, a caerse de su órbita,
a girar el grado que no existe, esta
perdida playa de un verano, el sexo
estéril, longitud de vidrio,
latitud de pocas horas son las médulas
y un amante de sal
me brota por los ojos
y me quiebra.

Pero la Rosa

Sí, puedo contar las rosas
de las estaciones, de perfume y cuerpo,
rosas de los vientos y de piedra, sí,
las rosas de Praga y la mañana.
Pero la otra, rosa ilícita, la dulce
rosa en deuda con la especie, no
la rosa violenta en la marea del tiempo,
pero la rosa tránsfuga y estéril, la vacante
rosa del destiempo, no la innumerable, solitaria,
pero la dura rosa condenada.

Souvenir D'Automne

Fue en Praga, allá por el otoño
del año 1980, a la hora del té en el Café Europa
y él se llamaba Hyacinthe, como los gatos
deberían llamarse. Olía a jazmín
y me decía "je l'aime encore".
Nunca te olvidé, Hyacinthe
aux yeux verts, aux cheveux noirs, y hoy
sentado frente a la playa, entre los jazmineros
del Boulevard de la Mer, al borde
del Atlántico en América del Sur, digo
"je l'aime encore" en voz alta
y me río solo mientras dos muchachos
se vuelven para mirar a un viejo que ríe sin motivos, dice
"je l'aime encore" y también huele a jazmines.

Alfredo Fressia [Montevideo, Uruguay]. Poeta y traductor. Enseñó letras francesas durante 44 años. Su obra poética ha sido traducida al portugués, inglés, francés, rumano, griego y turco. Su primer poemario fue publicado en 1973 y el más recientes en 2016. Recibió varias distinciones y fue jurado de premios internacionales. Ha sido editor de la revista mexicana de poesía *La Otra* en su versión impresa. Sus poemarios más recientes son *Poeta en el Edén* (2012), *Clandestin* (2013) y *Susurro Sur* (2016).

Impotencia
[Contra la violencia de Género]

La impotencia, hace pensar que el Creador,
volvió su espalda a la realidad,
que el mundo es su juego, y solo es soñar,
la eternidad.
Que no existe una llave, para la inocencia,
solo el duelo profundo, las lamentaciones
y el olvido.
Así andas, Mujer. Tropezando entre las ruinas,
la fiebre, los exaltados dementes,
con tu corazón de cristal libre y latente,
para siempre,
sin que los altisonantes mundos,
se levanten para impedir, el triste destino.
Escarnecida en las palabras, la mano
no te devuelve la paz.
Solo deja ojos lastimados, un tropel
de ideas construyendo el mal y, el ego
cubierto de hiedra, destilando hiel.
No es fácil. Pero acaso…
¿Habrá que convivir con, la IMPOTENCIA?

El Cristo

El Cristo camina.
Deambula en su vía crucis las calles,
descalzos los pies, y descalzo el estómago.
Vacía de dientes y de comida, la boca.
Una bolsa de polietileno, carga cual madero.
De corona, un zoo en la cabeza
y, profundas heridas en su seno.
Salvador…, ¿ de quién?

Un Dios, sin amigos o enemigos
ni siquiera, la violencia despiadada,
que se come los cerebros.
Viajero de las aceras, se hospeda
en las plazas y los cementerios,
sin nada más que la vida en sus manos,
la libertad placentera y, el respiro profundo.
Dueño del llorar, la triste existencia
de los niños "muertos", y los que se contentan
con la basura de la marihuana, mientras corren
sin detenerse, fantasmas en vida.
El Cristo no fuma ni inhala. No sabe de eso.
Aunque sí sabe, de la noche y el día
de esos reos que trabajan,
esclavos de las viles monedas,
cual prostituta y cliente, sin saber
ser padre o madre, solo acumular
con hambre desesperada hasta la muerte,
sin llegar a conocer a sus hijos,
que vuelan, planean y se deshacen en el aire,
volviéndose nada.
Los mismos que se ríen, de esa "maldita"
suerte suya, para el bien.
Más, ningún fantasma,
hará que el Cristo bohemio de los arrabales,
camino a su tercer día de infierno,
se desmorone.

José Lissidini Sánchez [Montevideo, Uruguay]. Escritor, periodista, político. Con obras traducidas a nueve idiomas, en la Biblioteca de la Universidad de la Sorbona, París, Francia. Premio Reina del Plata, 2015 y 2016, Argentina. Miembro de la Asociación Mundial de Poetas, en Brasil.

Yo hacía fuerza para que vos te murieras. Para no perderte. Para
que te quedaras así como ahora, adentro.
Yo hacía fuerza para matarte/ te alentaba/ te daba ánimo/ te
estaba siendo fiel, a vos y a la literatura.
No te maté. Eso es cierto.
Te conté que mandé hacer una biblioteca hasta el techo/ de pared
a pared/ que necesitaba una escalera para llegar al estante de
 arriba/ que arriba había puesto los libros que más uso para
aventurarme en la búsqueda de las palabras/ para sentir el riesgo
de una altura dos escalones superior a la mía.
Yo no te estuve matando. Solo quería que te murieras porque ya
no te quedaban libros y porque ya no había una casa en la
montaña cubierta de nieve y porque era verano y a vos el verano
no te gusta. Y además hacía calor y estabas desnuda y yo por
primera vez estaba viendo tu cuerpo/ y descubrí que me parezco
a vos/ que la forma de algunas partes tuyas es igual a la forma de
algunas partes mías. Y yo podría haber sido vos.
Entonces empecé a hacer fuerza contigo para que vos te murieras.
Porque tampoco quedaba aquello que era recuerdo y sostenía.
Yo hacía fuerza para matarte porque vos no podías hablar y me
parece que eso no te gustaba.
Yo hacía fuerza para matarte porque vos no podías hablar.

Una hoja tiembla en el borde de la rama
Sostiene la lluvia su rara nervadura
El sol apenas hiere
Como un rayo finísimo su filo luminar atraviesa la tarde.
Caen los frutos por su pulpa
Semillas hay que se clavan a la tierra
Y crece un huerto al borde del abismo.
¿Limpiará la tormenta tanta metáfora?

Ese poema vale únicamente por el verso final
¿Limpiará la tormenta tanta metáfora?

Podría decir: ¿Lavará? o ¿Quitará?

Pero dice *limpiará* como si se tratara de una pila bautismal, ese abrevadero donde van a beber los santos.

La sed de Cristo se hace agua.

Después de comulgar, los fieles son menos peligrosos. Tienen el cuerpo de dios confundido con su carne.

A la hora de la tormenta los árboles dóciles se encorvan y dejan pasar el viento.

Son como animales que saben vérselas con la lluvia.

De la frente de los fieles cae un hilo de luz brillante.

Es el sudor por haberse ganado el cuerpo de Cristo que es como el pan pero más delicado.

El cuerpo de Cristo es una lámina redonda que cabe en el hueco del paladar y allí se queda hasta deshacerse.

Dicen que el vino es como la sangre. Es igual a la sangre, dicen, es la sangre. Por eso este poema vale únicamente por su final: dios es una metáfora, Cristo una metonimia.

Claudia Magliano [Montevideo, Uruguay]. Profesora de Literatura, egresada del Instituto de Profesores Artigas (IPA). Ha publicado *Nada* (2005) y *Res* (2010);y obtuvo el Primer premio en poesía en los Premios Nacionales de Literatura del Ministerio de Educación y Cultura (MEC), 2012. Textos suyos integran varios libros colectivos.

Piedras que desfiguran

I

La piedra aguarda en silencio
mientras la gota
labra la hendidura.

II

El mar golpea contra el acantilado
dejando en la roca
las intenciones de la sal.

III

El labrador
       en su homilía
desgrana el caparazón de la roca
sumerge el cincel en la pulpa.
Ella aguarda
paciente
       tiene todo el tiempo del mundo.

IV

Los labios se encontraron
las placas tectónicas hicieron lo propio,
sobre la piel de la tierra
se abrió una grieta.

V

La daga

al inmiscuirse entre las piernas
removió el magma
agitando el volcán.
Las líneas del basalto
quedaron marcadas
por el flujo de la lava.
El cráter,
   aún,
muestra rastros de la erupción.

VI

Sísifo
en su cruzada por conquistar la montaña.
encuentra oxígeno
en la grieta de la roca.

VII

Corrompí el desdoblamiento
manipulando el espiral
que se aferró al palpito de la piedra,
la noche asciende
y en ella libo los silencios,
tus inclaudicables pliegues
   —como ofrenda—
se abren al golpe de la lengua.

VIII

La mirada
delinea la hipótesis,
el rumor del método
se irgue
avanza.
Al escampar,
la piel confirma
el arrullo del aliento.

IX

Urdiré sobre el rumor de la erosión
hasta llegar al mineral.

X

¿Y si nadie roe su dureza?
¿Qué pasa si la erosión
se diluye?
¿Será el liquen quien
repte por la áspera silueta
y descubra el manantial?

Matías Mateus [Montevideo, Uruguay]. Narrador y poeta. Publicó *Amores, desencuentros y pasiones* (2010), *Paraíso y después* (2014) y *Una hora de eternidad* (2015). Antologó junto a Osmany Echevarría Velázquez *Distancias del agua: Narrativa Cubana y uruguaya del Siglo XXI* (2012). Obtuvo el Premio de Narrativa Joven de Casa de los Escritores del Uruguay, 2014 y el Premio Pablo Neruda de Poesía Joven, 2015. Participó en eventos literarios en Uruguay, Bolivia, Chile, Cuba y México.

Venezuela

ASDRÚBAL HERNÁNDEZ LARA

a M.U.H.

Uña de citrino en el cielo.
Media cúpula de luz plata
sobre el firmamento
de la tierra.
Cristal oro en el espacio.
Niña que descansa y no se siente.
Madre que mensualmente nos recuerdas,
que la vida es un ciclo más de la naturaleza
en el que se nace,
se crece,
se llega al máximo
y luego se mengua para siempre.

La Piñata

La ilusión de un niño,
el esfuerzo de unos padres.

El trabajo de un artesano
hasta lograr la figura acordada.

Las sorpresas que rellenan
el interior de la piñata.

Una soga que atan,
unos niños que gritan
y otro, que apaleándola
se divierte.

Claramente se percibe
la euforia desbordada,

la alegría que en sus ojos brilla.
Muchas risas, muchos gritos.

La pobre piñata
cuasideforme
no soporta un palazo más.

La agarran, la rompen
y su relleno reparten,
mientras debajo de ella
aqueos y troyanos
por los juguetes se enfrenta.

Una cuerda floja,
pedazos de cartón regado,
un suelo sucio.
[V- 12 –MCMXCVIII]

Civilización

El cerro era
verde,
marrón,
oxígeno
y madera.

El cerro es
amarillo,
blanco,
azul
y rojo ladrillo

Asdrúbal Hernández Lara [Venezuela]. Editor, escritor y fotógrafo. Estudió Comunicación Social en la Universidad Loyola de Nueva Orleans y un máster en Gerencia de Empresas Editoriales en la Universidad Pace de Nueva York. Se ha desempeñado como reportero y fotógrafo de diversos medios en Venezuela y Estados Unidos. Entre sus libros destacan: *XXIV poemas de amor* (1998) y *Agujas al viento* (2004). En el año 2011 funda Sudaquia Editores (www.sudaquia.net), la cual dirige desde entonces.

Cenote madre

Hueco de encantación madre mía
Dime abajo cuántos yacen
Cuántos de mis hermanos
Lavados muertos aquí abajo
Cuántos han descendido buscándote

Cáliz madre qué dioses
Como ninguno dime
Qué dios insaciable
Cuánto nos traga
En olas de sangre bien guardadas
Como yo en sacrificio

Dime madre quiénes quién
Calló tu rumor
Te hizo aquí calmas aguas
Que no arropan y sí enfrían
Una mudez de limpios dientes

Adviérteme cuán grata es la quietud
Del espejo que no tiembla

Dime madre si el silencio
Es la corona mi corona
Una trepanación lúcida
Que hoy encanta me encanta
Como tu vientre
Dime eso madre dímelo.
(De *El libro de la tribu*, 1992)

Cayenas moradas

Amor, todo aquello que está dentro de ti me llama:
Tu lisura de domingo entre cayenas moradas
Donde vuelas y revuelas sin aliento;
Tus piernas que se juntan en el agua, se mojan
Y custodian un breve espacio de orillas;
El sudario de tu corazón sube y baja en la tierra,

Come fuego, lame sal.

Y tus muertos, que casi me lloran
Con voces apilonadas en la ceniza del cielo.

Amo en ti ese fondo de tinieblas nutrido de aves en la
medianoche.

Amor, cuantas veces eres, cuantas veces te amo.
Ahora, ven y abre tu pecho de pelusa negra,

Enséñame el temblor.
(De *El cielo entre cenizas*, 2004)

Santos López [Mesa de Guanipa, Anzoátegui, Venezuela]. Poeta, periodista; Director-fundador de la Casa de la Poesía Pérez Bonalde (fundada en 1990, organizó la Semana Internacional de la Poesía de Caracas con doce ediciones). Ha publicado los poemarios: *Otras costumbres* (1980), *Alguna luz, alguna ausencia* (1981), *Mas doliendo ya* (1984), *Entre regiones* (1984), *Soy el animal que creo* (1987), *El libro de la tribu* (1992), *Los buscadores de agua* (1999), *El cielo entre cenizas* (2004), *Le Ciel en cendres* (2004), *Soy el animal que creo. Antología* (2004), *I cercatore d'acqua* (2008), *La Barata* (2013). Premio Municipal de Poesía en 1987 y en 2001.

[Tierra si me hablas...]

Tierra, si me hablas yo te escucho

La zanja en la roca
El color sepia
La sed en el polvo
la temperatura injusta

Tierra, si no te callas

La mala cosecha
Los hombres dormidos
La casa en ruinas
El olor a hembra
La arruga, la sordera
y la luz escombro

Tierra, si tu sonido es puro

La huella del río
La llaga en la pierna
El perfil de la sombra
El surco en la garganta
El hueco en el camino

(tembló y colmose todo en tu pisada)

Yo te creo

La pluma huérfana
La palabra destino
El fósil, la mueca
cicatriz

El golpe en la mirada
El epitafio
en fin
lo que no está
esto que sobra

Tierra si me hablas
te escucho.
(De *Postal de sequía*, 2010)

Al escribir sobre las palabras

Si el destino de tu palabra
era no quedarse en ti

ahora que se ha ido
la posees para siempre

En un libro
antiguo,
en una conversación ajena,
la verás volver

Y si tu oficio es perderla
Tuya es la gramática del abandono

(La carencia que
es su forma de quedarse)

Al escribir sobre las palabras
olvida todo lo que has dicho
Ten en cuenta nada más
su frágil permanencia.
(*Del diario hastío*, 2013)

Freddy Ñáñez [Petare, República Bolivariana de Venezuela]. Poeta, titiritero y editor. En 2009 gana la Bienal Ramos Sucre con el poemario *Postal de sequía*. Dirige desde el año 2010 el suplemento literario *Letras Ccs*. Presidió entre el 2010 y 2015, la Fundación para la Cultura y las Artes (Fundarte) de la Alcaldía de Caracas. En la actualidad es Ministro del Poder Popular para la Cultura.

ADALBER SALAS HERNÁNDEZ

Poemas pertenecientes a VII
(Planto por la muerte de Maese Don Domingo)

Ven, pasa, siéntate aquí, fíjate qué casualidad, justo ahora iba
a escribirte una elegía o algo así, capaz me salía una carta en verso,
aunque todo
el mundo sabe que ambas cosas son de mal gusto. Ven, termina
de cruzar
la puerta, no tienes por qué dudar tanto. Siéntate a la mesa, debes
estar harto
de estar allá afuera, con ese olor cansado, como a yodo, que tiene
Caracas
cuando se deja cubrir por las nubes. Ven, siéntate, no te quedes
ahí, que te
va a dar gripe, y no hay nada peor que un muerto con gripe,
                    moqueando
y estornudando sobre la superficie pulcra del más allá.
                    La eternidad
no es un pañuelo, ¿sabes?
Mira que venirte a morir así, dejándonos a todos con la palabra
en la boca como un punto de plomo, como el principio de algo
que
no se sabe bien qué es, como un clavo bajo la lengua. Venirte a
morir así,
dejándonos a todos con la garganta amarrada. Pero termina de
pasar,
anda. Un trago no te ofrezco porque últimamente no tomo
(ya lo sé: no hay animal más lamentable que un poeta
abstemio), pero aquí hay unos cigarros que tenía guardados para
cuando
visitaras. Todo el mundo sabe que los muertos, aunque
                    no respiran,
sí que fuman. Tranquilo, no son light.
Tú, que siempre fuiste ciudadano del humo, te saltaste la frontera

sin decirle a nadie, te volviste inmigrante ilegal del más allá. Al menos
puedes fumar sin pensar que te manchará los dientes; la tierra ya
te los robó para ponerlos en su boca. Voy a poner un poco
de Chet Baker, aquel disco que me grabaste hace años, cuando
vivía arrimado en casa de mi tío. ¿Se oye bien? Ahí, parado en el marco
de la puerta, no debes tener la mejor acústica. Toma, te presto mi encendedor.
¿A qué sabe el humo cuando ya no tienes boca? Y la música, ¿cómo
se cuela en ti, si no tienes oídos? ¿No te atraviesa como si fuera una
corriente eléctrica, un susto del aire? ¿Como si el espacio
se estirara y se
contrajera, pidiendo algo?
O vamos a poner algo de Monk, para escuchar esos dedos que van
y vienen sin pedir nada a cambio. Vamos a oírlo errar, andar a la deriva
en la noche estirada como el cuero de un animal enloquecido, sosteniéndose
en el temblor de cada nota, que a cada paso se derrumba. Suena como
esos hilos de sal que mantienen unido el cuerpo a duras penas.
Ven, entra, pasa con lo que traigas, con tus nombres deslucidos, lavados
con cloro, con tu nuca besada por las raíces, con tus venas como una lluvia
estrecha e innecesaria.
Mira, dime una cosa, ¿los otros muertos aguantan tus chistes?
¿No discuten
tus opiniones literarias? Todo el mundo sabe que los muertos
tienen poca
tolerancia, por eso casi nunca nos visitan. ¿Se callan cuando te da
por agarrar el acordeón o la armónica? Me gustaría escucharte tocar,
aunque desde allá el sonido llegue sucio, cargado de barro. Igual te oigo bien, tu

voz tiene el brillo lejano de las cosas por venir, esa hojalata de la promesa hecha
que opaca todo lo demás. Creo que ya no voy a escribir la elegía, sería una ridiculez. Mejor hago silencio para que toques algo.
(De *Salvoconducto*)

Adalber Salas Hernández [Caracas, Venezuela]. Poeta, ensayista, traductor. Autor de los poemarios *La arena, el vidrio* (2008), *Extranjero* (2010), *Suturas* (2012), *Heredar la tierra* (2013), *Salvoconducto* (2015), *Río en blanco* (2016) y *mínimos* (2016). Asimismo, ha publicado el volumen *Insomnios. Ensayos sobre poesía venezolana* (2013). También es coautor del libro *Los días pasan y las formas regresan.* Entre otras, ha publicado traducciones de *El hombre atlántico, Agatha, Savannah Bay, El dolor* y *Es todo*, de Marguerite Duras; *Artaudlogía*, selección de textos de Antonin Artaud; *Lengua perdida*, antología poética de Charles Wright.

Para quedarse callada

A LAS MUJERES QUE ESTÁN EN CAUTIVERIO

Hemos tejido la piel a fuerza de llanto

Apenas oyen el canto del búho
el agua sobra y el hambre también

Las muchachas corren de un lado a otro
temen a la voz de los soldados
¡Son tan jóvenes!
algunas perdieron a sus madres
otras fueron apartadas de sus muñecas
y de su pedacito de tierra

La advertencia no fue oída
Ellas no quisieron esconderse
cuando pasaron los camiones
Pobres inocentes mostraron su olor
a jazmín y canela recién molida
Los hombres se fueron acercando
todo les parecía muy dulce ante tanto resentimiento

Una voz murmuraba al final del día
que las niñas fueron llevadas a un campamento
en la lejanía de un valle
«Le cambiaron los nombres
Tatuaron un número en sus pezones»
El resguardo recoge lo ido

Se oyeron disparos ruidos alaridos
El viento movía la arena de un lado a otro

Todos perdieron el rostro entre tanta polvareda

No se sabe si fue en la mañana o en la noche
(el tiempo se puso del lado de la sombra)
cuando a la niña de 13 años
le pintaron los labios cortaron sus cabellos
la sentaron en una esquinita del cuarto
(*De En el jardín de Kori, 2015*)

Arándanos

Fruto acre destinado a calmar la sed

Arándanos rojos
congelados al poco tiempo
después de la cosecha

Hace mucho que ya los frutos están cocidos
probados en tierra

La mesa está servida para el primer bocado
todo listo para la eucaristía

«Por los hambrientos»
Arándano palabra de Amor
(*En el jardín de Kori*)

Carmen Verde Arocha [Venezuela]. Poeta, editora, profesora, gerente cultural. Licenciada en Letras (UCAB, 1991). Ha publicado: *Cuira* (1997). *Magdalena en Ginebra* (1997). *Amentia* (1999). *Mieles* (2003). *Mieles. Poesía reunida*, (2005). *En el jardín de Kori* (2015), *El quejido trágico en Herrera Luque* (1992), *Cómo editar y publicar un libro, El dilema del autor* (2013).

Contenido

Esta edición de *Voces de América Latina II* de **María Farazdel [Palitachi]** está disponible desde los días finales de agosto 2016. Edición y cuidado de mediaisla editores, ltd kingwood, tx